サバイバル登山家随想録

今夜も焚き火をみつめながら

服部文祥

mont·bell BOOKS

目次

第二章　山に登る

第五章　現代に生きる

ちょっと長いはじめに。もしくは本編の前提となる生い立ちと登山半生。

気がついたら普通だった。それがわれらの世代特有の漠然として重大な悩みである。用意されたものを、なんとなくこなしていれば、とりあえず近未来に苦しんだり、死んだりすることはない、そんな人生だ。

多くの点で私はごく平均的な昭和四〇年中盤生まれの日本人だと思う。生い立ちに劇的な物語や語るべき苦労などはない。偶然の成り行きと人との縁にほんのちょっとしたこだわりが加わって服部文祥はできあがった。

両親は共に昭和一五年生まれの焼け跡世代で、首都圏の大学に通っていたときに安保闘争に参加して、そのまま思想はやや左寄り、学生上がりのよくいるサラリーマン夫婦だった。

私は昭和四四（一九六九）年に生まれた。二歳上に兄がひとりいる。

いちばん最初の記憶は幼稚園でおしっこを漏らしたことである。風邪気味だったのだろう。パンツと半ズボンをおしっこで濡らした状態で職員室に連れて行かれ、先生が開けた棚にはたくさんのパンツがきれいに畳んであった。それを見て、ひとときにこれほどたくさんの園児がおしっこを漏らすことがあるのだろうかといぶかしんだことをよく覚えている。

お世話になった先生には年賀状を出すというのがわが家のシキタリだった。「一人で大きくなったような顔をするんじゃない」と母親はよく言った。そんな顔をした覚えは私も兄も一度もない。そうやって出し続けた年賀状の返信に、幼稚園の先生が「いつもなにか生き物を手に持ってきて見せてくれたブンショウくんも中学生ですね」と書いてあった。幼いころから小さな生き物を捕まえるのが好きで、捕まえたら褒めてもらおうと大人に見せた。知らないものを見つけると持って帰って、図鑑で調べ、なんでも飼おうとした。自宅だった公団住宅のベランダには、水槽が並んで、いろいろな生き物がうごめいていた。

東海道の四番目の宿場街、保土ケ谷からすこし山側に入った、横浜市の田舎に新設された左近山《さこんやま》団地が生まれ故郷である。私の四年下が第二次ベビーブームの頂点になる。テレビアニメのサザエさんのように、世の中に子どもが溢れていた。小学校はひとクラス四〇人、ひと学年七クラス、全学年で二〇〇〇人近い生徒がいた。その他大勢のひとりにならないためには自己主張が必要だったが、自己主張したところで、どこにでもいる悪ガキのひとりにはかわりなかった。

そこそこ豊かで、そこそこ平和で、とくに将来への不安はなかった。

兄は優秀で要領が良く、なにをやっても敵わなかった。母はハッスルおばさんだった。父は囲碁が好きでアマ四段を持っており、ボードゲームやトランプも強かった。家族四人が集まると私はすべてびりっケツだった。いつも家族に見下されているような気がして、ときどきなにかへまをしてバカにされると、その鬱憤が爆発したが、それをぶつける場所はなく、半べそをかきながら「今に見てろよ」

と思っていた。

「人はなんで生きてるの？」と母親に聞いたことがある。

「それを知るために生きているんじゃないの」と禅問答には禅問答が返ってきた。

すべて用意されて揃っているにもかかわらず足りないものがある。そのあきらかに矛盾したなにかに、私は子どもながらに苛立ちを感じていた。

太平洋戦争が終わって四〇年ほどが流れていた。大人や上の世代は、戦争、安保闘争、学生運動などを通して、自分の生きる道を切り開いてきた、もしくは切り開こうとしてきたことへの満足感を漂わせていた。私もなにか反抗する甲斐のあるものを見つけたかったが、われわれの人生には自分で奪い取ってくる余白は残されていなかった。

ガキ大将からオタクへ

小学四年生までは走るのが速かった。駆けっこで負けることはなく、運動会のリレーの選手は私のためにあるポストだった。それが五年生で代表決定戦がギリギリの勝負になり、六年生ではっきりと同級生に敗北した。クラスメートは背が伸びはじめ、女子は大人びて来たのに、私は小さいままで声も高かった。それまでガキ大将のひとりだったが、クラスや仲間内での存在感や意見力が小さくなっていくのがわかった。

中学に入っても、成長期はやってこず、身体能力に自信がなくなり、不良グループと目を合わせるのはやめた。兄の影響でハンドボール部に所属していたが、レギュラーからはずされてしまった。

母親の生家は庄内平野の由緒ある豪農（の分家）だったため、その家の子どもたちは地域でいちばん古い高校に入学するのが決まりだった。母はそれを兄と私にも強要した。中学二年生から泣くほど勉強しなくてはならなかった。

門をこじ開けるようにギリギリで志望校に滑り込み、蛇腹のついた独特の標準服を着た入学式は、人生でもっとも晴れやかな一日だったかもしれない。自分が切れ者だと勘違いした私は、高校であたりまえのように落ちこぼれていく。

部活動は高校でもハンドボールを続けたが、気持ちばかりで空回りしていた。一方で、止まっていた身体の成長が再開し、ようやく声変わりして、長距離走が速くなってきた。校内のスポーツテストの種目はハンドボール部員には有利な構成で、一五〇〇メートル走、走り幅跳び、ハンドボール投げ、懸垂、踏み台昇降が満点で学年で二番だった。

高校三年生のとき、友人の薦めで本多勝一を手にとった（兄はすでに読んでいて家には数冊の本勝本があった）。本多が提示した「ベトナム戦争のアメリカ側ではない視点」にはガツンと殴られた思いがした。敗戦国日本の引け目がいつの間にか自分の中にも巣食っていたことに気付き、左寄りのジャーナリストこそが正義の味方に見え、旧七帝大のどれかに入って朝日新聞に就職しようと決めた。

たいして勉強はしていなかったのに、本番になれば、自分はそこそこできるという根拠のない自信だけはあった。現役生としての受験が一九八八年の最後の共通一次試験で、英語の自己採点は二〇〇点満点中九七点だった。

一瞬、目の前が真っ暗になり、「おれって、バカだったんだ」と気がついたあとに涙がこぼれ落ちてきた。新聞を広げて自己採点をしていたコタツを急いで離れ、泣く場所を探して家をうろついたが、兎小屋といわれた公団の団地に泣くために隠れる場所はなく、便所に入った。むせび泣く声がおそらく家族には聞こえていたと思う。

浪人して予備校に通っても模擬試験の偏差値は上がらず、そこでも私は自分の理解力が高くないことを自分で証明するような日々を送り続けた。それでも甘えた世界観と妙な自信は変わらず、二回目の受験に挑み、滑り止めで受けた私立大学はことごとく落ちた。大阪大学も落ち、二浪を確認するために見に行った東京都立大学の合格発表で自分の番号を発見した。

裏山とヒマラヤ

大学入学時は、すべての新入生と同じく「勉強するぞ」と心に強く誓っていた。勉強して、恋をして、たくさん本を読むのだ。そして本多勝一がいう「現場」も大学で求めていた。できれば紛争地に行ったり、辺境の地に行ったりしたいが、恐怖もある。

高校の卒業時に仲間とハイキングで行った丹沢の塔ノ岳で、登山道を駆けあがっていく私に、友人が下から「ブンショー、馬かよー」とにこやかに非難するセリフが耳の奥に残っていた。山岳部の部室に行ったが誰もいなかった。当時はシゴキ問題で全国的に大学山岳部は元気がなかった。ワンダーフォーゲル部の部室には部員がたくさんいて「どんな山に登りたいの」と聞かれた私は「ヒマラヤに登りたいです」と答えた。対応した先輩は英文科の四年生で「ヒマラヤでも裏山でも登らせてやる。おまえ、おもしろいから入部しろ」と言った。ヒマラヤと裏山をかける言葉遊びは辻まことが好んだもので、私は辻まことの存在をまだ知らなかったが、その気の利いた切り返しは大人っぽく、ワンゲルに出入りするようになった（ワンゲルで登れたのは「裏山」だけだった）。

登山やクライミングなどへの純粋な興味より、大きなミスが死に繋がるようなタフな世界への憧れが強かったのだと思う。そのわりにはワンゲルという山に関しては中途半端な集団に属している自分への葛藤が常にあった。登山観や人生観の違いから対立する仲間や先輩もいた。大風呂敷を広げるように披露した登山計画を「できっこない」と決めつける先輩には特に反発した。

都立大ワンゲルの現役活動は三年間と決まっていた。部員として部のルールに従わなくてはならないのは四年間。私は大学四年生の夏に三カ月かけて、ヨーロッパからシルクロードをたどって日本に戻るという貧乏旅行をし、留年が決定していた。四年生の追い出しコンパが終わった翌日、都立大ワンゲルの制約から解放された私は知床半島全山縦走に向けて出発した。

知床の稜線上で私はいくつかミスを重ねて、窮地に陥ることになった。だが運よく難を逃れ、三八豪雪以来と言われた春の嵐を抜けて、知床岬にたどり着き、生還することができた。

下山した羅臼の町から、一年ほど前に『岳人《がくじん》』の座談会で知り合った服部小雪さんに電話した。もう人生をかけて挑むような登山は卒業し、「まともな」社会人になって平凡な人生を生きていこうと考えていた。ただ、知床全山の記録を『山と溪谷』に投稿したら、五頁にわたって掲載された（九四年一二月号）。一色頁にもかかわらずアルバイト一〇日分くらいの原稿写真料が振り込まれ、登山と文字表現への野望はくすぶり続けることになった。

就職活動

大学五年目は、数単位とって卒業論文を書けばいいだけだった。企業に就職してサラリーマンとして生きていく自分の姿はイメージできなかったものの、定職に就かず、社会的脱落者と見られるのも嫌だった。平均的な日本人として小学校から大学まで、何らかの集団に属して生きてきて、もはや用意されたレールからはずれるのも怖かった。一流企業に就職して、人として社会的な価値があることを世に示したうえで、自由に生きようと考えていた。

新聞記者になって本多勝一のようになりたいという思いはまだあったが、大学五年間で新聞など一行も読んでいないし、マスコミは人気なので、計画を下方修正し、出版社を第一希望とした。村松友視のように編集者を経験してから直木賞作家になればいい。社名を聞いたことのある出版社にはすべて履歴書を送った。岩波書店と新潮社は書類で不合格になり、大手出版社の説明会では、意識が高い学生であることをアピールするライバルを見てウンザリした。就活生たちはもちろん、企業の面接担当者のことも、私はどこかで見下していた。

知床の記録発表で担当だった『山と溪谷』編集部のKさんに、「ウチを受けるなら、人事には言っておく」と言ってもらって、もうヤマケイに就職したつもりになっていた。

山と溪谷社に入社できれば、当時意中の人だった服部小雪さんを振り向かせることができると、妄想をたくましくしていたが、山と溪谷社から送られてきた通知には「不合格」とあった。

自分ではプライドを捨てて、やりたくもない就職活動をそれなりに本気でしたつもりだった。ライバルになる同世代の学生より、自分は人生経験が深く、企業にとって価値がある人間だと自信があった。だが蓋を開けてみれば、社会や企業にとって私は価値がない人間だった。現代社会から否定された気がして、アパートでひとり落ち込んだ。アルバイトをしながら山に登り、なんとか山で生活費を稼いでいく方法を真剣に探さなくてはならない。登山家として生きていくためにイメージするのはラインホルト・メスナーや山野井泰史だったが、一流になるまで遭難死せずに生き残れるだろうか。そう考えて、さらに精神的に追いつめられた。

『山の本』という読み物を中心にした山岳雑誌をパラパラめくっていると、『山の本』倶楽部という読者の集まりがあり、遠藤甲太さんが参加すると書いてあった。遠藤さんのことを、登山報告を文字表現に変換できる数すくない書き手と高く評価していた私は、なにかきっかけがつかめるかもしれないと思い、その会に顔を出してみた。ところが遠藤さんはドタキャンでいなかった（そういう人なのだ）。『山の本』を出している白山書房の社長が「遠藤のサインが欲しいの？」と裏返った声で言い、「預かっとくよ」と私の手から本をとった。「大学生？」と聞かれて、来年度新卒でまだ就職先がきまっていないことと、ヤマケイは最終面接で落ちたことなどを伝えた。

「じゃあ、ウチで働くか？」と社長は軽く言った。

下心はなかったのでその発言に驚きつつ、そのわりにはその未来を一瞬で想像した。白山書房は岩登りや沢登りのルート図集を出している出版社で、ヤマケイよりむしろ馴染みがあった。規模こそ一〇〇分の一だが、出版社で修行して作家になるという夢がそこには燦然《さんぜん》と輝いていた。それどころか山岳関係なので山登りも続けられる。私はその場で「お願いします」と頭を下げていた。

卒論とインド

とりあえず四月から通う就職先ができ、気持ちが明るくなった。平日は白山書房で働き、休日はバリバリ登って、山岳文字表現の世界でのしあがり、私を否定した出版社に頭を下げさせてやると心に誓った。

卒論のテーマは「モンブラン初登頂を境に文学のなかで山の表現がどう変わるか」とした。柏瀬祐之の『ヒト、山に登る』と富山太佳夫の『空から女が降ってくる』とM・H・ニコルソンの名著『暗い山と栄光の山』の丸パクリだが、これらをごちゃ混ぜにしたところがオリジナルとも言える。実際、一七八六年のモンブラン初登頂を境にヨーロッパでの山の見方は「悪魔の棲家」から「登山の対象」に変わり、それは当時の文学にも見ることができた。テーマと構成は完璧だが、山ばかり登っていたため、まったくフランス語が読めないことが問題だった。

気のいい助教授が一八世紀に書かれた作品の中から山の記述がある部分を探し出してきてくれた。

原文を渡された私が途方に暮れていると、なんとすべて訳してくれた。他にも都立大学のフランス文学科ではほんとうにすばらしい先生に恵まれたと思っている（第四章参照）。

卒論の執筆をしているころに、成蹊大学山岳部の富澤豊から「インドに自転車旅行にいきませんか」という連絡があった。富澤とは二年前（九二年）のシルクロード旅行中に、パキスタンのラワルピンディで出会い、意気投合し、お互い別のルートから日本に帰ったあとも、ときどき会って、酒を飲んだりしていた。富澤のアパートは台所便所共同風呂なしの古い木造アパートで、読書家の富澤の部屋には所狭しと本が積み上げられていた。そのアパートでマップハウスで買ったインドの地図（一〇枚）をなんとか広げ、二人で計画を詰めると、デリーからデカン高原を突っ切って、コモリン岬まで行くには六〇日かかりそうだった。卒論の審査と卒業コンパの日程から私の出発はどうしても二月一〇日になってしまう。私は四月五日に帰国するチケットを購入した。インドから白山書房に「飛行機が飛ばない」という嘘の連絡をすれば、四月一日の初出社から数日遅れても大丈夫だという目論見だった（インド自転車旅行のエピソードは第五章）。

インドの田舎街に、日本でいう「まともな社会人」はほとんど目に付かず、多くがその日暮らしに近い生活のように見えた。そしてそんな人々がみんな楽しそうだった。赤塚不二夫の名作『バカボン』はインドのサンスクリット語が語源という。そのバカボンパパの決め台詞「これでいいのだ」がインドの大地には溢れていた。日本でまともの基準となる「月給三食風呂布団」は世界では決して基準ではなく、そんなバカな基準を求めて行った就職活動で荒んだ心が、インドで癒されていくのがわかった。

コモリン岬には三月二六日に着いた。着いてようやく四月一日に出社しないことが日本ではとんでもない非常識であることに気がつき、自転車を教会に寄付して、バスでマドラスに急ぎ、目に付いたツアー会社に入って格安チケットを買って（購入済みのチケットは捨て）、三月三一日の夕方に成田空港に降り立った。

フリーソロ

初年度の有給休暇は一〇日だった。カレンダーを見て、飛び石連休のあいだを休日で埋めると一日も残らなかった。

白山書房は企画編集が社長、経理総務が奥さん、営業が私という最小規模に挑むような出版社だった。社長は常に資金繰りに悩んでいて、私もここでずっと働いていけるとは思えなかったが、会社には、大内尚樹さん、柏瀬祐之さん、遠藤甲太さんなど地味ながら本物と私が評価する山の書き手が出入りしていて、それら憧れの人々と言葉を交わすことで、自分がステップアップしている気分に浸ることができた。

週末二日だけで充実する登山を求めると、強度ではなくリスクを上げることになる。ワンゲルで育ってきたのでゴリゴリ前進するほうが得意だったが、人工壁のジムができはじめたこともあり、クライミングの割合が自分の登山の中で増えていった。岩登りと沢登りで夏を過ごし、冬になったらアイスクライミング。年末年始はワンゲルの後輩と別パーティーが絶対にいない雪稜を登りに行った。

北アルプス北部の地形図をじっくり見て、スキーと登攀《とうはん》を合わせたら土日でそこそこの成果が上げられることに気がついた。単独でスキーを担いで白馬岳主稜を登ったり、剱岳周辺を滑ったりし、雪がすくなくなってきたら剱尾根をロープソロした。剱周辺の概念をつかんで自信を付け、八ツ峰Ⅵ峰《やつみねろっぽう》長次郎谷《ちょうじろうたん》側フリーソロ。クライミングシューズを履いて、手にチョークを付け、空荷《からに》であれば、クラシックルートはちょっと露出感のある登山道を行くのと同じだった。昔の人が登山靴で登れたルートを現代的なクライミング装備で挑むなら落ちることは絶対にない。だったらロープの確保はいらない。煩わしいぶんロープは危険でさえあると思った。

インドを共に自転車旅行した富澤（成蹊大山岳部）の先輩には、日本山岳会青年部の主要メンバーやヤマケイ編集部員がいた。富澤との縁からそれら先輩と知遇を得て、「無駄な度胸試し（フリーソロ）はやめておけ」とたしなめられ、フランス・アルプスでの登攀に誘ってもらい、日本山岳会青年部が企画していたＫ２登山隊のメンバーに推薦してもらうことになった。Ｋ２を翌年に控えた二回目のアルプスでは、滑落して足を骨折することになるが（『増補サバイバル！』参照）、Ｋ２の登山隊メンバーから外されることもなく、直前に足に入れたチタンプレートを抜いて、Ｋ２に出発した。

Ｋ２

Ｋ２の登山隊は、低迷がささやかれていた大学山岳部とその若手ＯＢが大学の垣根を越えてひとつの隊を作り難峰に挑むという意欲的なコンセプトの元に組織されていた（第二章参照）。各大学から集まったメンバーは総勢一八人。計画上でのアタック隊は、一次二次それぞれ五人の計一〇人。全メンバーが自分のクラブで登山に積極的に取り組んできた体力自慢の精鋭で、誰もがアタック隊に残りたいと、自分以外の力量を探って牽制しあいながらも、山を志す同年代の仲間として仲が良かった。何度か登った富士山の訓練山行は、御殿場口の一合目から山頂を日帰りするというものだった。三月の富士山を一合目から四時間で登頂し、二時間で下山したが、体力に自信をもっていた私より速く登るメンバーが三人もいた。

私学の山岳部員の多くは、大なり小なりヒマラヤ遠征の経験があり、装備、食料、輸送など遠征の準備にあたり重要な担当をこなしていた。右も左も分からない私は、文学部出身出版社勤務ということで記録係を割り当てられた。一八人の隊員の中に、定職に就いている「まともな社会人」は私を含めて二人だけで、他は遠征のために会社を辞めたか、フリーターか、大学に残っている学生もしくは院生だった。

隊の成り立ちに話題性があったこともあり、出発前から山岳雑誌に取り上げられ、隊長と記録係だった私が山岳雑誌にネタや原稿を提出した。このとき『岳人』の編集長やのちに編集長になる廣川建司さんと知り合うことになった。

「これからの山行記は単なる報告ではなく文字表現としておもしろいものでなくてはならない」という信念は、白山書房での仕事を通してさらに強化されており、『岳人』に頼まれた出発前報告は、持てる能力をすべてぶつけるつもりで書いた。この報告が良くも悪くも私の人生に大きな影響を与えることになる。良い面は『岳人』の編集長に「K2のあとに『岳人』に来て雑誌作りをしないか」と誘われたこと。悪い面は、おもしろおかしく書いた文章が載った『岳人』がのちにK2のベースキャンプに届き、物議を醸してしまったこと。

K2への出発前、『岳人』に誘われたことを白山書房の社長に告げ「退職してK2に出発したい」と告げると、社長は「そういう話は帰国後にうやむやになることが多いから、休職で行きなさい」と送り出してくれた。白山書房が催してくれた壮行会では、酔っぱらった遠藤甲太さんが「後ろを振り返りながら（下山ルートを目に焼き付けながら）登れよ」と何度も何度もくり返した。

ヒマラヤ登山隊を出すことなどまったく視野にない都立大ワンゲルから、私は自分の力でのし上がってK2に来たのだと考えていた。実際に他の大学から参加しているメンバーはOB会から金銭的に支援を受けていたが、都立大ワンゲルのOB会からはそのようなものはなく、私は自己負担金をすべて自腹で払わなくてはならなかった。

自分でのし上がってきたのだという自意識が邪魔して、富澤との縁でできた成蹊大学山岳部のOBの推薦で登山隊に参加しているということまで考えが及ばず、実際の登山中も自分の判断を優先して行動していた。伝統ある大学山岳部を代表して参加しているメンバーには、私の行動は身勝手に映ったかもしれない。すこし時代が違えば、私など単なる荷上げ要員で、アタック隊に入ることなどできなかったはずだ。

紆余曲折を経て、K2の登山は成功した。登山隊はひとつの隊としては過去最多、計画より二人多い一二人の登頂者を出した。私は体調が良く、一次アタック隊のトップに長く立って、充実した時間を過ごすことができた。小説『息子と狩猟に』に併録されている『K2』という短編小説の登山シーンはほぼこのときの体験である（個人名や隊の編制やアクシデントは創作です）。

登頂してK2のサミッターになったことはもちろん、パキスタン北部で自然に近い暮らしをしている人と行動をともにしたキャラバンは私の世界観を変えた。生まれた境遇が違うだけで、彼らは登山隊の荷物を二〇キロ背負い、サンダル履きの急ぎ足で氷河の上を八時間歩いて、一日四〇〇円（当時）しかもらっていなかった。自分と彼らの関係がフェアではなく、バルティスタン（パキスタン北部）の人々は格好よく、金持ちの国から来た私は格好悪かった。

私は真剣にバルティスタンホームステイを夢想した。仲良くなったサーダー（ポーター頭）に頼めば可能かもしれない。だがそれでバルティスタンに暮らす人々と同じことを感じ、考えることはできるのか。暮らしとはなにか、国籍とはなにか、存在とはなにか。

結局、戻ろうと思えば日本に戻れる私が、バルティスタン人になることはないと結論したが、この考察は、自分が人として格好よくあるためにはどうしたらいいのだろうかと意識した最初の瞬間だった。

和田城志

帰国しても『岳人』への移籍の話はなくなっておらず、私はK2の登頂記を書いて、一〇月から『岳人』で働きはじめた。待遇はアルバイトで、健康保険、年金は自分払いだった。そもそも年金は学生時代から払っていなかった。この週末に山で死ぬかもしれないのに、四〇年後の自分に投資などできるわけがない。

仕事はともかく人生は忙しかった。昼過ぎに品川の東京新聞に出社して、だらだら夜まで仕事をしたり、クライミングジムに行く日は一八時に退社したり、「山に行ってきます」という言い方で休みも簡単に取ることができた。

はじめて参加した編集会議で「何したい？　誰か会いたい人いる？」と聞かれ、「和田城志《せいし》さんに会いたいです」と即答したら、その場で和田さんへのインタビューが決まった。一一月一五日発売の一二月号特集「冬山入門」のために、冬山の工夫を聞いてくるのがとりあえずの目的となった。

白山書房時代に真剣に読みはじめたクライミング雑誌の『岩と雪』で、黒部横断記録を読んだのが和田さんへの憧れの始まりだった。和田さんが原稿で描く、わけもなく山に惹かれるロマンチックな心と、情熱をぶつけることの「無意味な意味」の解析は鋭く、心に刺さった。

和田さんを尋ねていくと、まるでクラブの先輩後輩のように迎え入れてくれた。インタビューのテーマである「冬山の工夫」について聞くと「工夫なんてないで」と答え、「山はなあ、小手先の工夫で登るものではなく、ハートで登るものなんや」と続いた。登りたいという気持ちがあれば、工夫は自分で考えるし、そこを自分で考えるのがまた登山の楽しいところでもある。「工夫なんてボクがいちいち言うことじゃない」という正論過ぎる言葉に、私は単純に感動した。以降「山はハートで登る」は私の座右の銘になり、それは今も続いている。

「もし冬黒部の計画があるなら一緒に行きたいです」という想いを全身から発して、「よかったら一緒に行くか」というセリフを和田さんから引き出すことに成功し、私は雪黒部冬劔にデビューすることになった。

このころに和田さんとよくいっしょに登っていたのが梶山正さんで、そのとき梶山さんは稼ぎぶちをインド料理店から山岳カメラマンへ移行している最中だった。山岳雑誌の新人編集部員とちょっと遅れてきた売り出し中の山岳カメラマンは利害がぴったりと一致し、さらにオールラウンドに山登りに取り組むところや、インド好みの世界観など似たところが多く、仕事でもプライベートでもこの後、梶山さんとずっといっしょに登っていくことになる。

倉岡裕之

年が明け、六月にK2の仲間といっしょにヨセミテに登りにいった。同時に白山書房時代に知り合った志水哲也さんらと三人でギアナ高地のエンジェルフォールに登りにいく計画が進んでいたが、ベネズエラの治安情勢の問題で、許可が下りず、計画倒れに終わった。ただこのとき、手続きもろもろをお願いしていたツアー会社アースデスクの倉岡裕之さんと知り合うことになった。

アースデスクは、世界中の辺境地をツアーの柱にしていた。倉岡さんは、魅力的な辺境地やあまり日本には紹介されない海外の名山を調査する旅を、お得意さんだけを連れておこなうことがあり、そこに私が同行して、私はそのエリアを『岳人』に紹介するという協力体制ができあがった。

野山岩雪で遊ぶバイタリティでは私の知るかぎり倉岡さんは群を抜いていた。「遊ぼうぜ」と言ってわーっと遊び、「食おうぜ」と言ってわーっと食い、「寝ようぜ」と言ってぐうぐう寝てしまう気持ちのいい人で、世界中を遊び歩いた経験から発想の規模が大きかった。一九九八年から二〇〇〇年くらいまでは、同じくアースデスクの社員だった石坂博文君（現国際山岳ガイド！）も含めて、国内外でよくいっしょに遊んだ。このころに第一子の祥太郎が生まれたが、倉岡さんが毎週のようにわが家に車を乗り付け、そのまま小川山のクライミングに急行していたので、妻の小雪は倉岡さんを悪魔だと思っていたらしい。

同じころ、都立大ワンゲルの元気な現役生、内藤三恭司《さくじ》が遊びにきて、そのままいっしょに登りはじめた。私の登山人生をよいほうに押し上げてくれそうな仲間の出現にワクワクしたが、その矢先に文部省登山研修中の雪崩事故で死んでしまった。

かなり入れ込んだテレマークスキーでは、新雪斜面を浮かぶように滑ることができるようになった。だがそれ以上は上手くならなかった。石坂君や佐々木大輔君（現国際山岳ガイド！）のように自在に滑るには、若いころから競技系のスキーをやっていないと難しいと実感した。フリークライミングは楽しかったが、自分の活動の中心を岩登りにおけるほどはのめり込めなかった。黒部剱もリスクを取ってまで登りたいラインがなくなってしまった。

オールラウンドになんでもできるが、秀でたものがない。自分が持っている才能をすべて発揮するような大きな旅がしたかった。だが、なにをすればいいのかわからなかった。ほんとうにしたいことはなんだろうか、と考えた先に、原始人のような暮らしがイメージされた。Ｋ２で出会ったバルティスタンの人々、マンガや書籍で知ったマタギや山人、野田知佑さんの本に出てくるアラスカのマウンテンマン。私の憧れはすごいところを登る人間ではなく、現代文明の保護や恩恵を受けずに生きている人々に向いているようだった。

イワナが多い渓に入り込み、短い期間でもいいから定住してみようと考えた。身につけた衣服に剣《けん》鉈《なた》一本だけで入山する方向で考えはじめたが、いきなりそれは無謀な気がした。屋根を葺くのにロープが欲しい。初日に雨が降ったら？　そもそも食料調達などほとんどしたことがなかった。

最低限持参する食料や滞在場所、装備を検討しているうちに、定住はそれほどおもしろくないのではないかと思えてきた。自分の持てる能力を発揮することを考えれば、「山旅」にしたほうがいい。一方で、ゴルジュや滝など登攀要素に悩まされるのは避けたかった。自然の規模が大きく豊かで、移動に危険がすくなく、人のいないエリアと考え、南アルプスの大井川に目を付けた。

奈良田《ならだ》から古道で大井川に入り、三峰川に継続して仙丈岳に登る。気持ちのいいところでゆっくり食料調達に励むことも含めて、日程は一一日。食料は米を五合（九〇〇グラム）、塩、こしょう、ドクダミ茶（自家製）、黒砂糖三〇〇グラムとした。一一日分の食料と装備が三〇リットルのザックに余裕をもって収まっていた。

死ぬことはないにしろ、辛く苦しい日々になるだろうと、さすがに出発前は緊張した。無理だと思ったら帰ってくればいいと自分に言い聞かせて、家を出た。

時計がないのも、ヘッドランプがないのも、それほど気にならなかった。ワンゲル時代はラジオの気象通報は生命線だと思っていたが、天気図を自分で描いてきたおかげで、なんとなく空と風と肌で感じる空気から気圧配置が予想できた。焚き火も恐れていたほど困難ではなく、日程に余裕があったので、焚き火の前にただ座っている時間がたっぷりあった。

結局六日目に仙丈岳に登頂し、七日目に高遠《たかとお》に下山した。あまりおもしろくなかったし、空腹でだるく、寒いばかりだったが、身体の芯にはたしかな充実感が残っていた。

サバイバル登山

装備を極力すくなくし、食料をできるだけ現地調達し、山小屋はもちろん登山道も使わない。南アルプスで試した登山が「フリークライミング的な登山」であることは意識していた。ただ、山菜とキノコの知識と釣りの技術が圧倒的に乏しかった。釣りと沢遊びに詳しいテレマークスキーの仲間の丸山剛さんに声をかけ、いっしょに沢に行き、食材の知識と料理を教わり、沢で遊ぶ仲間を紹介してもらった。その中の一人が、丸山さんのテンカラの師であり、私も教えを受けることになる渓の翁《おきな》こと瀬畑雄三さんだった。

私の釣りはエサ釣りからフライ、そしてテンカラへと変わっていった。山釣り人たちとの旅では、私が難所を突破してメンバーを山奥に導き、山奥に入ったら生活やテンカラ釣りを教えてもらうというスタイルができあがった。

一人で下田川内《しただかわち》山塊に釣り修行にも行った。ゴルジュは絶悪じゃないのにイワナが多いからである。渓流釣行や自給自足の登山をくり返すことで、スタイルが洗練されていくのが自分でわかった。ヒマラヤの民は移動に際して、かなりの量の炭水化物を持ち歩いていた。私も持参する米の量を増やした。山菜キノコの知識も増え、釣りもそこそこできるようになった。

米の量を増やしたといっても、一般的な登山よりまだまだ食料は軽かった。装備もすくないのでもちろん軽い。荷物の重量による身体能力の低下がすくないため、移動も速く安全になる。食料調達のために山をよく見る。自給自足の登山は、二重三重の意味で、山と深く関われる気がした。

自給自足の登山を『岳人』で報告するにあたり「サバイバル登山」と名付けることにした。窮地からの生還ではないことは承知していたが、名前には語感のインパクトが重要だ。

これまで『岳人』に執筆した北薬師岳東稜の冬期初登と、いくつかのサバイバル登山報告が、純粋な読み物として、自分でおもしろく書けている手応えがあった。これらに生い立ちを加えれば一冊の本になるかもしれない。

そこから、初めての単著『サバイバル登山家』の出版までは、本の内容と、当時の社会状況と、いくつかの縁などの関係から三年の歳月を要することになる（第四章参照）。

狩猟から冬のサバイバル

イワナを釣り上げて喜び、頭を叩いてかわいそうになり、内臓を出して生臭いと思い、刺身で食べて旨いと頷く。山で食べるイワナの味には正負の感情が折り重なっている。

あるとき、横浜の自宅で豚バラ肉焼きにネギ醤油がけを食べていて、肉にはイワナに感じる多層の感情がないということに気がついた。ただ旨いという喜ばしさだけがそこにあった。山で食べるイワナが本来の食べ物だとしたら、目の前の皿に載った豚肉はなんだろう。肉に関しても悲喜こもごもを感じながら食べるべきなのではないか。いや、感じながら食べたい。

ヤギを一頭買ってきて、殺し、解体することを検討したが、現実的ではなかった。子ども時代から漠然と心の奥に潜んでいた狩猟をやってみるときが来たのかもしれない。

仕事上の知り合いの知り合いという細いツテに縋《すが》って何人かの狩猟者に連絡をとってみた。誰もが「銃の所持許可と狩猟免許を取ってきたら歓迎するよ」といった。山梨県の小菅村に知り合いができ、横浜から近いうえにチームには村外からの狩猟者も参加していたので、所持許可と免許を取って、私もチームに加えてもらった。

そこにはすごい個性をもった狩猟者(青柳孝徳さん)がいて、狩猟のイロハを学ぶことができた。チームでの巻狩りと単独渉猟をくり返して、苦労はしたもののすこしずつ獲物が獲れるようになっていった。

あるとき、ふと、イワナの代わりに鹿を獲っても、サバイバル登山ができるかもしれないと思った。冬のサバイバル登山である。その思いつきにワクワクする一方で「また、面倒くさいことに気がついてしまった」とうんざりもした。充分辛いことが予想できるのに、思い付いてしまったからには、それを実践しないことには、自分の発想を否定することになるからである。

そうしてはじめた冬のサバイバル登山が、秋の北海道サバイバル登山になり、それが、北海道無銭縦断に発展していった。

その途中に、東京新聞が『岳人』の休刊を決めるという事件があった（二〇一四年）。ひょんな縁から辰野勇モンベル会長が、その休刊話を耳にして、それならということで『岳人』はモンベルに引き継がれることになった。東京新聞が『岳人』の休刊を決めたのは、『岳人』が新聞社内の赤字部門のひとつであるうえに、今後黒字に転ずる見通しがまったくなかったからだと思う。以下は想像だが、『岳人』というコンテンツになんらかの魅力を感じたモンベルも、売れない雑誌を作り続けてきた編集スタッフに用はなかったのではないかと思う。私は、いよいよ生活でもサバイバルが始まると大きな不安と小さなワクワクを感じていたが、そこに辰野勇会長から直接「モンベル『岳人』を手伝ってくれないか」と連絡が来た。

『岳人』の引き継ぎをちゃんとしたいという妙な責任感もあり、「とりあえず、一年お世話になります」と頭を下げた。結局、それから八年ほどモンベルの社員として『岳人』の制作を手伝い、社員であることを辞めたいまも、『岳人』のスタッフであることは続いている。本書は、そのモンベル『岳人』のスタッフとして執筆していた連載「今夜も焚火をみつめながら」に、折々『岳人』に書いてきたエッセイを加えて、まとめたものである。

人類にとって現代登山とは

フリークライミング思想を、岩登りというジャンルを超えて、登山全般に応用してサバイバル登山が生まれた。実際に日本の大きな山塊をフリークライミングしてみるのは、おもしろく、興味深く、そして、予想もしなかったような発見がたくさんあった。

さらに、自力で登るのがおもしろいなら、自力で暮らすのだっておもしろいはずと考えて、横浜の自宅でもできるだけ自力の割合を増やそうと工夫してきた。そして二〇一九年には、まえまえから気になっていた山廃村（小菅《こぶき》）の古民家を土地ごと譲ってもらう縁に恵まれた。

中年から初老にさしかかり、純粋な登山に新鮮味を感じられなくなった。人生から登山の割合が減ったぶん、そこに獲物系の活動が入り込んでいる。若いころは自分のいのちをもてあそんでいたのに、歳をとったら獲物のいのちをもてあそぶようになった。そんな自問が、ふと浮かんで、否定しきれずに嫌になることもある。

たとえそういう面があるにしろ、狩猟を通してケモノに教えてもらった予想もしなかった知見は多い。自分がホモ・サピエンスであることや、他者とは人間だけでなくケモノや魚、虫たちも含まれることなどは、獲物とのやり取りがなければ意識できなかったことである。そしてそれは私の人生を確実に豊かにしてくれた。

子どものころ、母親に聞いた「人はなぜ生きているのか」という問いは、形を変えて私の中に居座り続けている。北海道無銭旅行中に「生きるとは死ぬまでの暇つぶしとそのために食い続けること」という身も蓋もない解答がどこからともなくやってきて、反証が浮かばず、いまだにちょっと胸が苦しい。

もし人生が暇つぶしならば、おもしろい暇つぶしをしよう。そのために食い続けなくてはならないなら、自分が納得できるものを食おう、と思っている。おもしろいとはなにかを煮詰めていくと、脳内快楽物質に帰結できるのではないだろうか。近頃、いっしょに活動しているナツ（犬）を見ていると、脳内快楽物質が分泌するかしないかだけを基準に行動しているように見える。人間もそれと同じだとしたら、なにをすればいちばん、自分の脳内には快楽ホルモンが出るのだろう。釣りでも狩猟でも出る。旨いものを食べても出る。納得する原稿が書けたときも出ている気がする（褒められればもっと出る）。意識を経ずにやってくる「気がつく」瞬間は喜びである。「わかった」には脳内快楽物質がともなうのだ。それを全部ひっくるめた山旅が私には最もおもしろい。

体験がなければ、それにともなう感情はない。環境が厳しく自分の肉体を激しく動かさないと生命が維持できなかった時代は、たぶん、それにともなう感情も豊富で激しかったはずだ。激しく体を動かさなくても（なんでも購入して）生きている現代は、昔に比べて喜怒哀楽がすくなく、平坦でおもしろみのない人生なのかもしれない。

そんな、自分に体験が足りないという恐怖に突き動かされて、私は山登りを続けてきた。そして登山はすこしずつ、私に体験＝感情を増やしてくれた。先の見えない野生環境の中を進む不安。見積もったうえに努力して成し遂げる達成感。自分の成長を実感する喜び。自分の成長を自分で実感できるのは、登山の大きな魅力のひとつである。そして殺生にともなう不快と興奮。すべて登山を通して感じたことだ。

殺生の感覚は殺生でしかわからない。毛バリで釣り上げたイワナの頭を木の棒で叩く。そのとき、暗く濁った影が心をかすめ、キュッと心臓が縮むような感じがする。「殺しの感情」は簡単に言えば気持ちのいいものではない。だからだろう、われわれは「殺し」を日常から遠ざけてきた。だが、遠ざけても、隠しても、食べ物の源はいのちである。塩と水以外の食べ物はほとんどいのちだ。光合成ができない生物（われわれ）は、いのちを食べることでしか、持続しえない。

殴られ、手の中でぐったりしたイワナを見て、私はこっちのほうが正しいと思った。ペレットで育った養殖魚の死体をスーパーで購入して食べるより、自分で釣り上げて殺して食べるほうがいのちとして正しいのだ。

ネタに「殺し」を選んだが、別に殺生でなくてもかまわない。収穫の喜びでもいい。行為の喜びでもいい。本来自分の肉体を動かしてすべきことを、お金を払って済ましたら、その人は「お客さん」になってしまう。身体を動かしていたら感じていたことを購入して、知らずに済ますことになる。

登山とは、生きるための具体的な手応えを取り戻そうというムーブメントなのではないかと私は考えている。現代文明人でありながら、ゲストになることにあらがおうとしている思想集団が登山者なのではないのか。おそらく登山者じゃなくても、自力をめざして生きている人はたくさんいる。そういう人たちは、たとえ山に登らなくても、私は自主自立を共有する山仲間だと思っている。自分のことを自分でやって自分で責任を取る。すくなくとも自分のフィールドにおいて、そうしようとする。そんな仲間たちは世界中にたくさんいると信じたい。

第一章
ケモノを狩る

動物のいのちと登山者のいのち

「動物のいのち」という明治大学で開催されたシンポジウムに参加した。

地球に無邪気に甘えるには、もはや人間という生物種は影響力が大きくなりすぎてしまったと意識するために、動物のいのちについて考えようという趣旨だと思う。

発表者は写真家、華道家、小説家三人、造形芸術家、映画監督、学者二人、そして登山家。それぞれが話したことをごく簡単にまとめると以下のようになる。

写真家は撮影のために動物との距離を縮めるために考えること。

華道家は花を「生ける」ために植物を「殺す」こと。

小説家は動物を題材にした作品執筆を通して考えたこと。

芸術家は動物の角や骨を使った創作のために殺しの現場に立ち会った体験。

映画監督は屠殺と部落差別についての映画を撮った動機。

学者は文化人類学というフィルターを通すことで鮮明になる、動物（環境）と人間。

登山家の私は、登山食料を現地で調達する延長で始めた狩猟にまつわる心の動きを伝えようと試みた。

屠殺場で一〇年働いていた小説家の佐川光晴さんは解体の話を、私は狩猟の技術的な話をした。それらは会場の興味を多少は惹くものだったと思う。だが古川日出男さん（小説家）に「表面的な技術論の先にあるものを考えたい」と提案され、目を開かされた。

通常、狩猟体験がない人に狩猟の話をすると、技術的なことで充分おもしろがってくれる。私は、都市生活者にとって非日常的な体験を語ることで、自分がなにか特別な体験を積んでいると錯覚していたかもしれない。私が非日常と感じることをあたりまえのこととしている人は今も昔もたくさんいる。私はそこまでまだたどり着けていなかったのだ。

「動物のいのち」という目的地は同じでも、発表者はそれぞれの道筋をもっていた。そしてやはり、自分でやるかやらないか、というところにそれぞれの立ち位置の違いがあったと思う。平均的な思考の人間は、動物に同情し、動物を人間側に引き上げようとする。だが、狩猟者は自分を動物に近づけようとする。

獲物になったつもりで獲物の行動を推測するのが狩猟だからである。それだけでなく、狩猟者は人間を含めて生物全般を、いのちというよりは法則性をもった物体として捉えようとする。いのちを過度に尊重すると殺しは気が重いし、生命がおこなう運動の不確定要素にはある程度目をつむらないと、狩りの作戦を立てることができないからだ。獲物をそのまま「もの」と表現したり、殺すことを「止める」と表現するのも、獲物を物体と考えようとしている表れだと思う。そして実際に、獲物のいのちを奪うと、跳び回っていたときからは想像できないほど重量のある骨肉の塊――「物体」に変わる。

狩猟者は自分自身が物体であることも強く意識している。獲物を求めて猟場に入って行くときに、気配を殺したいのに、どんなに努力してもそこに存在する自分が場を乱してしまい、自分が物理的に在ることを痛感する。

まったく動かなくても、鼓動と呼吸と体温は隠せない。渉猟したり、待ち伏せ場所に行くために移動すれば、衣擦《きぬず》れや足音などの気配がすくなからず立ち上る。しかもどうやら人間は、自分たちがイメージしているより鈍臭い。結果、ケモノは人間の存在を気取《けど》って逃げて行く。もし「どこでもドア」があって、獲物がいる場所に移動なしで出現することができたら……と私はいつも渉猟中に考えている。もしくはラムちゃんのようにふわふわ浮かんで移動できたら、狩り放題なのに、と。

もちろん「どこでもドア」は存在しないし、ふわふわ浮かんでいたら鉄砲も撃てない。自分は地球の一部を占めている物体でありつつ、欲をもってドタドタと移動する存在なのだ。物質的な存在だからこそ、それを維持するための物質（食料）が必要で、だからこそ狩猟も、生きているのもおもしろいのである。

狩猟の過程で私は自分のことを物体だと実感してきた。登山はどうだろう。最近私は、登山も結局、自分という物体を壊さないように目的の山まで運び、下ろすことに他ならないと考えている。

自分が設定したフィールドで、自分を思うように移動させられるか否か。環境が厳しくなるほどに、フィールドが大きくなるほどに、それは難しくかつおもしろくなる。登攀であれば物体の移動は垂直方向になり（負荷は増し）、厳しい気象条件、もしくは長期間になれば、物体を健全に維持することに気を配る必要もある。自分という物体を自分という意志が運ぶ。逆に自分という感覚器官を自分という肉体が運んでいると考えることもできる。どちらの見方も正解で、「壊さないように」というところがカギである。この条件が登山にワクワクドキドキ感を生んでいる。あえて言うまでもなくそれは「いのち」そのものである。

壊さないように自分を運ぶ。登山には「目的と計画と実行」という三つの柱が必要だ。これがない野遊びは登山ではない。すくなくとも登山的ではないと私は思う。だがそれに関してはまた別の機会に考えたい。

梅棹忠夫《うめさおただお》・山と探検文学賞、受賞の裏側①

近年見た山の写真で、もっとも衝撃を受けたのは、ライチョウを咥《くわ》えたニホンザルの写真である。一目見たとき、自分が激写されたかと、あわてて記憶をさかのぼった。ライチョウを咥えたまま北アルプスの稜線を歩いたことはない……はずだ。いやいや、そもそも非狩猟鳥獣を獲ったことはない。だがそれにしても、そのサルの顔は、一瞬、自分か猟仲間が写っているのではないかと疑うほどの、完全な「獲物顔」だった。

二月の頭には徳島県へ猟に行った。山梨県で単独猟をしていてはなかなかお目にかかれないイノシシを撃とうという魂胆である。鹿ばかり撃っているので「イノシシは?」とよく聞かれる。イノシシのほうが旨いことをみんな知っているのだ。すくなくとも脂に関してはイノシシのほうが旨い。山梨県で犬なしの単独猟ではイノシシを撃つのは難しいので、シーズンに一回ほど、イノシシの生息数が多い西のほうへ猟に行く。

徳島狩猟行の基地は、ひょんな縁から懇意にさせていただいているカヌーイストでエッセイストの野田知佑さんのお宅である。軽トラを借りてさんざん周辺を走り回り、二頭のイノシシを目撃したものの、発砲には至らなかった。帰宅して、野田さんのところのアレックス(犬)と裏山に渉猟に出たら、なんとアレックスがイノシシを追い出してきた。

私がイノシシに気がついたときは、アレックスとイノシシの親子が枯れ葉の斜面で入り乱れる騒ぎになっていた。どれを撃つべきか迷っているところで、親のイノシシが私のほうに向かって斜面を登ってきた。私の存在に気がついていない。

母イノシシは、窪地に入って立ち止まった。背中しか見えていないが、千載一遇のチャンス。引き金を絞った。銃声とともにイノシシが走った。

「(弾が)入ったろ」と思いながら、行方を追ったが、速度が落ちるようすはなかった。「あれ？」と追いかけたが、そのまま藪の中に消えてしまった。あわてて、まだ見えているイノシシの子に銃口を向けるが、狙いが定まる前に二頭とも藪に消えた。

また出てくるのではないかと思い、弾を装填したまま、静かに斜面で待っていたが、結局、イノシシは戻ってこなかった。アレックスだけが戻ってきて私の横に座る。私はアレックスをなでる。今起こったことをどのくらい理解しているのだろう。イノシシが血を引いていないか見に行ったが、血痕は一滴もなかった。自分に腹が立ち、アレックスに「ごめんな」とくり返した。

失意の夜にパソコンを開けてワイファイを繋ぐと、『ツンドラ・サバイバル』に「梅棹忠夫・山と探検文学賞」を授与したいが、受け取ってもらえるだろうか」というメールが関係者から届いていた。野田さんに話すと「なに？ それはほんとうか」と(野田口調で)すごく喜んでくれた。だが、私は文学賞よりイノシシが欲しかった。

野田さんといえば、われわれ世代のアウトドア文筆業者にとっては、スーパースターである。そんな野田さんのお宅を基地にして狩猟ができるだけでも、信じられないような僥倖《ぎょうこう》だ。タイムマシンで過去に戻って、若いころの自分に「オヤジになったら野田さんちを基地にして狩猟をするんだぜ」と言っても、絶対に信じないと思う。

その野田さんに数年前、「服部、おまえは自分を信じて書いて書いて書きまくっていればいいんだ」と（野田口調で）励ましてもらい、その言葉を胸にぼちぼちやってきた。『ツンドラ・サバイバル』には野田邸から出発して、七日間かけて四国剣山《つるぎさん》の三嶺《みうね》まで歩いた、冬のサバイバル登山記も収録している。だから、野田さんちで受賞の報《しら》せを聞くというのは、なにかの縁なのかもしれないが、それでもやっぱり私はイノシシのほうが欲しかった。

協賛新聞社の信濃毎日新聞に受賞が発表されたあと、本に関わってくれた人に受賞を報告した。文字表現とは、書き手、版元、そして、読者という三つの要素の真ん中にぼんやりと浮かび上がる漠然としたなにかだと思う。本や雑誌はそれだけではインクをつけた紙の束＝物体でしかない。読む人が頭の中でイメージを作り上げることで文字列は意味をなす。文字表現とは「書く」だけではなく「読む」がなければ存在しない、書き手と読み手の共同作業なのだ。

だから『ツンドラ・サバイバル』だけでなく、これまで発表してきた私の原稿すべてが、おもしろいと感じて読んでくれる人がいたからこそ存在した。やや優等生的な言い回しになってしまうが、賞とは、書いた人、刷った人、読んだ人、みんなに与えられるものだと思う。

報告には祝福が返ってきた。その中に最近聞いた中では飛び抜けている名言があった。校閲担当から返ってきた言葉である。

「評価されているのは二刷《にずり》以降ですか」

最初に聞いたときは何を言っているのか完全に?《ハテナ》だった。どうやら初版に誤字が二つ残っているのが気になってしょうがないらしい。

副賞が現金五〇万円らしい。文字表現が書き手と読み手の共同作業であるならば、賞金は書き手と読み手で折半するのが筋である。授賞式は六月だが、前倒しで「副賞（の半分）をみんなで飲み食いする会」を開催することにした。ライチョウを咥えて歩いているところを激写されたら、受賞も副賞もなくなってしまうので、すくなくとも六月までは大人しくしていなくてはならない。

梅棹忠夫・山と探検文学賞、受賞の裏側②

「文学賞の副賞を飲み食いしてしまう会」を二〇一六年の三月一六日に開いた。賞金をちゃんともらってからのほうがいいのではないかという意見もあったが、私には目論見があった。会の前日の三月一五日が猟期の最終日になるので、鹿を獲ってきて、みんなで鹿肉パーティーをしようというのである。

通年の降雪であれば、二月から三月にかけて、私の猟場の奥秩父は銀世界になり、標高の高いところには、ケモノの食べ物がなくなる。鹿は山を下り、雪に埋もれていない笹を探して食べなくてはならない。だから雪が深い時期、狩猟者は林道や登山道をそっと歩いていけば、鹿を簡単に仕留めることができる。ところが、今シーズンは暖冬で寡雪だった。里に下りてきている鹿の数が、昨年に比べてあきらかにすくなかった。

猟仲間のミッチーに、私の猟場を教えたのもいけなかった。二シーズン前まで、ミッチーは単独で仕留めたことのある獲物が、まぐれの鹿一頭だけだった(当時銃猟経験六年)。「獲れないからもう銃猟をやめる」というので、「だったら、おれの猟場を歩いてみるか」と声をかけたのだ。

最初こそ、少々まごついていたが、すぐにコツをつかんだミッチーは、出猟すれば獲るようになり、今猟期の終わりには、一日三頭獲らないと満足できないというレベルになっていた。しかも一二月には、自分で目を付けていた猟場にひとりでそっと入り込み、イノシシを仕留めた。昨シーズンまでは「犬なしの単独忍び猟で、シーズン二桁の鹿を撃つなんてすごいですね」と私に尊敬のまなざしを向けていたのに、今シーズンは「アニキも早く忍び猟でイノシシが撃てるといいですね」と完全な上から目線になっていた。

私はイノシシを自分で撃ち止めたことがない。それを打開すべく、二月にはイノシシ狙いで徳島まで行き、千載一遇と言える射撃のチャンスがあったにもかかわらず、撃ち漏らしていた。たまたま徳島狩猟行の最中に文学賞をいただけるという連絡が届いたが、そんなものよりイノシシを単独で仕留める経験を積みたかった、というのは先に書いた通りである。

三月一四日は関東に雪が降った。この雪で鹿が下りてくるだろうから、パーティーで出す鹿肉の確保は確実だと、猟場に向かう車の中で考えていた。

ところが一五日の朝、いつもの猟場を歩いても鹿はいなかった。低気圧が南を通ったので、奥秩父にはそれほど積雪がない。しかも猟期最後の週末となった三月一三日（二日前）にミッチーが猟場で鉄砲をばんばん鳴らしたらしい。

かなり奥まで歩いて、ようやく、親子の鹿が笹藪の中を走った。私はすぐ近くにあった立木に軽く銃を据えて、狙いをつけた。鹿の動きは鈍い。妊婦なのだろう。こちらは銃を依託している。いただきの状況だったが、慣れない照準器にうまく鹿が入らなかった。

手にあったのは新品のライフルだった。三月の頭に所持許可が出て、照準器を調整し、猟場に持ってくるのはまだ二回目。あれ？　あれ？　とスコープを覗いたり、肉眼で確認したりしているうちに、親子の鹿は小尾根を越えて消えてしまった。

三回見れば一回撃てる、三回撃てば一回当たる、という言葉が狩猟にはある。これは初心者を励ます言葉で、経験者は一回のチャンスをモノにする。使い慣れた散弾銃にしようかと出発時に悩んだのだが、そっちが正解だったようだ。

巡り合わせの悪い日なのだろうか。林道の奥で時間をつぶし、夕方にゆっくり戻れば、鹿に出会う確率は高い。それとも思い切って下山し、別のエリアを見に行くか……。

「悩んだときは動く」の自己規律に従って、下山することにした。来た道を鹿を探しながらゆっくり歩いた。

里が近づいたところで、林道の枝道を覗きにいった。鹿の新しい足跡はついていないが、奥まで行くと南斜面を見下ろすことができる。今シーズンは雪がすくないため、真冬でも地面が露出した南斜面でドングリを探す鹿を見ることがあった。

その南斜面をそっと覗くと、一〇〇メートルほど下で丸い物体が動いていた。林道に伏せて、銃を向けた。どう見てもイノシシである。

そっと撃鉄を上げ、イノシシが体の横を見せた瞬間に、上半身の真ん中に照準を合わせて、引き金を引いた。

軽い銃声が響き、イノシシは一回倒れ、立ち上がって、また倒れた。

下りていくと、八〇キロほどのイノシシが、すでに事切れていた。しかも弾は、肩にある「鎧」と呼ばれる硬い脂の層を貫通していた。

興奮して思考がまとまらない。直接的にはライフルの精度と威力が発揮された結果だった。だが、二時間ほど前に親子の鹿を逃したのは慣れないスコープのせいだし、でも、鹿に逃げられたからこそ、イノシシとの出会いがあった。徳島でアレックス（野田さんちの犬）と散歩したときにイノシシに遭遇した体験があったから、落ち着いて対処できたといえる。いや、そもそも「副賞を飲む会」がなければ、ここまで肉にこだわらなかったはずだ。ということは「梅棹賞」のおかげなのか？だとしたら……、徳島で文学賞よりイノシシが欲しいなんて発想してすいません。何がどう繋がっているかなんてわからない。文学賞の副賞がイノシシだったと考えることだってできるのだ。努力は失敗すらも無駄ではないってことなのか？

翌日、巡り合わせの妙に揺さぶられて気持ちの定まらないまま、ミッチーにイノシシが獲れたことを報告した。私は自慢のつもりだったのだが、「お役に立ててよかったです」とメールが返ってきた。どうやらミッチーが一三日に猟場を荒らし回ってくれたおかげで、私はイノシシに出会えたらしい。

登山の楽しみは窮地を脱したときの快感にある

知り合いというか、猟仲間のひとりが、先日、背骨の末期ガンであることが判明し、それをカミングアウトした。

狩猟者の多くは、獲物の死に立ち会うためか、命に関してドライなことが多い。その末期ガンの狩猟者のブログやツイッターにも、命に対する温かい諦観のようなものが感じられる。

そこに完全菜食主義者《ヴィーガン》を名乗る人から、末期ガンになったのは狩猟鳥獣を殺してきた「天罰だ」というメッセージが届いた。

少し前までは狩猟をしているというだけで、感情的に非難してくる愛護系や菜食系の人がけっこういた。最近は、鹿とイノシシが有害獣として広く認知されるようになったためか、私のまわりではちょっと鳴りを潜めている感じがする。

「おれたちはいい死に方はしない」という自虐の句を猟師や漁師はよく口にする。私は、カエルをボール代わりに野球をしたり、ザリガニを手榴弾代わりに戦争ごっこをした世代なうえに、末期ガンの猟仲間より狩猟経験が長い。私のほうが神様の天罰リストの上位にいるのは確実だが、まだ天罰らしい天罰は受けていない。

そもそも、獲物の命を奪って天罰が下るなら、狩猟採集をおこなってきた人はみんな、神に罰せられることになってしまう。自分の食べる物を自分で殺しているほうが、他人に殺させてそれを買っているよりまし、というのが、私が用意している反論のひとつだ。だがこれらの理屈には、じつのところ穴がある。

命は、別の命を犠牲にして存在する。直接殺して食べようが食べまいが関係ない。炭素化合物をぐるぐる流動させる（代謝する）のが、個体としても、生命体全体としても、命といわれる存在のあり方だからである。愛護・菜食系の人は、動く生き物と植物のあいだに、もしくは哺乳類と他の生命体とのあいだに、平然と線を引くが、その線には説得力がない。

とはいえ愛護・菜食系の言い分も直感的には賛同できる。昆虫を殺すより、哺乳類を殺すほうが、感情的な動揺は大きい。ビッグバーガーを頬張りながら捕鯨に反対する矛盾を「命と肉」という観点から指摘しても、捕鯨反対派は高等な動物かそうでないかという議論を持ち出してくる。野生動物の命と家畜の命に価値の違いがあるのか？　これはけっこうシリアスな問題である。

一頭のブタは人間が管理して繁殖させたものである。極論するなら、ブタはブタの形をした培養肉だ。また、家畜になることでブタが種として繁栄しているならば、屠殺されることを含めても、ブタの種全体の幸福度は高いかもしれない。

一方で、野生環境のなか、自分の才覚だけで生き抜いている野生獣は、人間が管理しているものではない。そして美しい（これは私の感覚だが）。

人はブタの種を絶やさないように適正に管理し、肉質の向上のために家畜の福祉も考えて飼っているので、比較的に殺しの引け目はすくない。だが、野生獣は、すくなくとも野生環境で自立している存在であり、人間が人間の都合で命を奪っていいものではない気がする。だから「肉は食料品店に溢れていて、それを購入するお金もあるのに、わざわざ野生獣を殺しにいくのは残酷だ」という指摘には反論しにくい。

農林業への被害や、生態系のバランス、命のあり方などの理屈はあっても、感情的には指摘のとおりである。さらに、この議論を煮詰めていくと、われわれ人間は家畜なのか野生なのか、そしてわれわれの命の価値は？　という方向に向かってしまう。そのうえ、狩猟者は狩猟を楽しんでいるという後ろめたさもある。実際のところ狩猟はとても興味深い。やらなければ決して体験できなかった刺激と感情に溢れている。

命は生きることを楽しいと感じるようにできている。これは私の世界観の中心とも言える自説である。そうでなければ、生命史がこれほど長く続くはずがない。

だから、生きることにダイレクトにつながるものごと（食べる、出す、寝る、生殖するなど）はほんとうにおもしろい。「窮地を脱する（サバイバル）」もこのひとつで、登山の喜びの多くはここにあるのではないかと思っている。そして「狩る」は「食べる」の一部なのでもちろん楽しい。たとえ天罰が下るとしてもやめることはできない。

天罰がある、と仮定しよう。ガン宣告を受けた狩猟者に、それが天罰だとあえて指摘するのは、天罰だと知らしめることで、より反省を促す、という効果を期待した感情だろう。それは天罰に便乗した個人的な制裁だと思うが、そういう悪意は天罰の対象にならないのだろうか？

天罰はない、と仮定しよう。不治の病になった人を嘘の情報でさらに精神的に追い込むことで、個人的な憂さ（悪意）をはらしたところで、大丈夫、天罰はないのだから安心だ。

神様、われわれを優しく見守ってください。

配信動画のバラエティ番組で山に行くという消耗について

配信系動画のバラエティ番組のために、東野幸治さんに鹿撃ちの現場を見せてほしいと頼まれた。バラエティ番組への出演は、これまでの経験から断っている。まず、なんといってもギャラが安い。丸一日ロケや収録につき合って日当が二万円くらい。「安いからやらない」というと、突然、提示額が二倍になったりする。一緒に出演するタレントは間違いなくもっともらっている。番組の総予算がこれだけで、関わる演者、スタッフがこれだけで、服部さんの番組貢献度から取り分がこうなりますという説明があるなら、安くても納得する。テレビに出してやるんだから安くてもいいでしょ？　という匂いが気に食わない。値段の問題というよりは信用の問題だ。

ドキュメンタリーなら、報酬は度外視でおもしろい番組を作ろうというチーム意識も生まれる。制作から放映までが山旅のようなひとつのプロジェクトで、純粋な体験（もしくは表現）になるからだ。一方、バラエティで、笑いのネタにされるのは、私の仕事でも表現でもない。人生を消耗している感覚しか残らない。

ところが今回は、東野幸治さんたっての願いであり、しかも、東野さんもスタッフも、私が書いた本を全部読んでいるということだった。それなら、サバイバル登山思想は充分理解しているのだろうから変なことにはならないだろうと安心して打ち合わせに出向くと、実情は、「全部読んでいる」＝『サバイバル登山入門』はとりあえず全ページめくりました」というバラエティ番組特有の乗りだった。

「服部さんがバーンって鹿を撃って、『よしトドメを刺せ』って叫ぶでしょ、でも東野さんはビビってできなくて、服部さんが『いのちをいただくとはなぁ』ってやるんすよ」と妙に態度の大きなディレクターが説明した。

「そんなことやりたいの？」

「まあ、だいたいそんな感じで」

アホかよと思ったが、どうせ猟期はあと数日、日程的に無理なのはわかっていた。

「猟は三月一五日で終わりだよ」

「どうやったらできますかね」としつこい。

出資母体は動画事業に進出したアマゾンプライム。しかも吉本興業経由で来た話らしく、バラエティを専門にしているプロダクションとしては、なにがなんでも番組を作りたいようだ。

「北海道なら三月いっぱい鹿猟ができるし、猟区ならさらに四月一五日までできるけどね。あとはニュージーランドでも行くしかないな」

やれるもんならやってみやがれ、という感じで言ったのだが、マメなADがほんとうに猟区に話をつけてきて、四月九日に撮影を敢行することになってしまった。

猟区とはレジャーと生態系管理を両立させるべく、ガイド付き（有料）で猟をする特別地区である。猟区での猟などしたことがなかったので、私もちょっと興味があったし、四月まで狩猟ができるというのも魅力だった。ただ、私のやっている単独忍び猟ができるようなフィールドがあるのかという不安はあった。

占冠村猟区にロケハンに行くと、猟区担当ガイドの浦田さん（三九歳）が出迎えてくれた。正直なところ猟区なんて、流し猟で素人に鹿を撃たせる場所だと思っていた。だが浦田さんは深い狩猟経験と高い職業意識を持つガイド猟師で、単独忍び猟の経験も多く、私の知っている猟師の中でも凄腕と言えた。私は自分の厚顔無恥を（いつものように深く）反省し、浦田さんと二人で、スタッフを連れていても鹿が獲れるところを探して、地図を広げ、現場を確認してまわった。

スタッフが増えれば増えるほど獲れない可能性が高くなる。基礎体力がない者はそもそも無理。香料、タバコなどの人工臭はできるだけ控えること。事前に言っておいたのに、私の忠告を守ろうとしているのは、東野さんだけだった。カメラ三台、音声二名、ディレクター、AD、荷物持ち、ドローン担当二名と、スタッフは見た目が地味なチンドン屋のようで、ディレクターは整髪料の匂いをぷんぷんさせ、メンバーの半分が肥満体型だった。

その大所帯をなんとか小尾根で隠すように鹿の寝屋にアプローチできる浦田服部スペシャルルートを見つけてあった。だが、そうやって覗いた寝屋はもぬけの殻で、たった今逃げましたというアンモニア臭をむなしく漂わせていた。一〇〇メートルほど登り下りしただけなのに、スタッフの半分がバテている。

「せめてスタッフを半分にしないと獲れないよ」と言うのだが、ディレクターは「はあ」とか「へー」

とか話をはぐらかすばかり。東野さんは私とスタッフの間に入って、「みんなで仲良く協力して番組を作りましょう」と気を遣っている。

〈でかい口叩くけど服部は猟がへたくそ〉という結果になるんだろうなあ、と落ち込みはじめていたら、三つ目の猟場で鹿が走った。

私も走った。目の前の小尾根を回り込んだところでキャッチできるかもしれない。古いブル道を回り込んだところに、なんと、別の親子鹿が立っていた。

動くな、頼む……。このあとのことは番組を観てもらうほうがいいだろう。

後日〈あの猟はいったいなんだったのか、いまでも考えています〉という内容の手紙が浦田さんから届いた。

私も考えている。

登山と渉猟との相違点。登山はよい狩猟者への近道？

二〇一七～一八シーズンの本州狩猟最終日の翌日、猟場から直接、奥多摩の山野井泰史宅を訪れた。これが近年の恒例行事になりつつある。山野井さんに原稿やコメントを依頼するときに、鹿肉の存在をちらつかせると渋々受けてくれる（ことがある）ので、その口約束を猟期の最後に果たすためだ。北海道を除くと今シーズンは鹿を一三頭獲った。昨シーズンは二〇頭以上獲ったので、今シーズンは、狩猟者には厳しいシーズンだったと思う。

登山をする人はおおむね、狩猟、なかでも大物の単独渉猟に興味をもっている。渉猟には登山と似た部分がある。とくに私のように自宅から遠いところに狩りに行く場合は、登山の技術や装備や経験がとても役に立っている。登山者は歩けるうえに地図が読めるので、よい狩猟者になれるし、実際によい狩猟者になった山仲間は多い。

しかも私が猟場として歩くところは、一部、登山道と重なっている。いわゆる登山口から登山道を歩きはじめ、その日のアシ（足跡）と、前回の傾向を中心に、風向きや気温、日照の有無などをあわせて、その日のルートをその場で決めていく。事前に行く場所を決めないというのは、登山と違うところである。ただ、惜しいところで獲物に逃げられた翌週は、同じ場所に行くこともある。

「あそこにまた入っているはず」と信じて、そのポイントに抜き足差し足で近づいていく。だが、まったくケモノが入っていないということが多い。そんなときは、肉体的な消耗と、時間を無駄にしたこと、居ないところにこっそり近づいていた自分のマヌケ加減に、へこむことになる。

事前に行く場所を決めないで、現場の気分次第で何となく歩くルートを決めるほうが、成果が出る……気がする。決め撃ちで行って獲れなければ落胆するし、何となく歩いていて獲れたら嬉しい。その印象の違いで、「何となく歩いているほう」に好印象をもっているだけかもしれない。

他にも狩猟と登山には違いがある。狩猟は登山口からほぼマックスの緊張で「本番」がはじまるところである。はじめて猟銃を手に歩きはじめたときの感覚は忘れがたい。山に生きる大型哺乳類のいのちに一方的に介入していい状態で山に入ると、風景がギラギラとクリアに見える。藪の向こうにまで獲物の影を探して、細部までよく見ようとするからだろう。登山なら登山口付近は準備体操のようなアプローチである。

登山道から歩きはじめ、その日の好みで登山道を離れ、作業道やケモノ道や沢などに入り込んでいく。同じフィールドにくり返し行くところも登山とは違うところだ。

狩猟でも、ちょっと気分を変えようと、歩いたことのないエリアに行くこともある。だがはじめてのエリアでは獲物に出会ってもうまく撃てないことが多い。「この方向からアプローチすると風景がこう展開する」というのが頭に入っていて、「獲物はこっちの斜面に多く、そうじゃなければこうで……」という傾向をつかんでいないとスムーズに射撃体勢にはいれない。逆に、一回歩いてよく観察し、地図を見て検証しておけば、二回目には予想していない出会いでも獲れることが多い。

植生や日照が鹿が好みそうな斜面に、気取《けど》られずに近づけてかつ、そこそこ見通しがいいポイントが、複数あるエリアを見つけたら、そこに何度も通うことになる。そのたびに出会いがあり、仕留めたり逃げられたりがあり、出会わなくてもアシや糞からなんらかの新情報を得る。情報はどんどん蓄積され、そのエリアとの関わりが深く濃くなっていく。モノトーンだった風景に色がどんどん重ねられていくような感じだ。

獲物を仕留めた場所はもちろん、出会った場所もけっして忘れない。猟場は自分の一部のようになり、つぎに同じ場所を歩くときは、かならず記憶がよみがえり、なんらかの心構えをもって歩みを進める。だから、仕留める確率が高くなる。通い込むと、街にいても、低気圧が通過した後や晴天が続いた後などは、猟場がどうなったのか、新しいアシはどう付いているのかが気になる。これも登山ではなかった感覚である。

猟場に暮らすケモノを獲って食べ、自分の血肉にしているのだから、猟場が自分の一部になるというのは、単なる感覚ではなく、現実そのものなのかもしれない。

山野井さん宅で後脚を二本ならべ、筋肉と骨と筋の構成を説明しながら、一緒に精肉した。鹿の筋肉はブロックごとに分けやすく、その解体はおもしろい。内モモと棒三角を外し、棒肉をとる。つぎにアキレス腱を手がかりにフクラハギを剥くようにすると、大外が見えてくる。大外を取って大腿骨にまとわりつく芯玉を剥がせば、残りはスネ肉だけだ。

「なるほどこうなっているのか」と山野井さんはときどき自分の脚を触りながら、解体にのめり込んでいた。取り出したブロックを分け、心臓とタンはその場で焼き、背ロースも刺身にした。

結局、こういうことがすべて山の一部なのだと思う。

カモシカに見る鬼のイメージ

ワイヤーケーブル基地跡に転がっていたカモシカの頭骨を見たフォトグラファーの亀田が「うわ、鬼だ」と声を上げ、「持って帰って、鬼ポケモンの骨だって言ったら、子どもたち絶対信じるな」と続いた。

たしかに妖気と迫力があり、鬼のドクロと言われたら、信じたくなる。

鬼の共通イメージは肌が赤もしくは青で、角が生え、牙があり、天然パーマで身体が大きい、というところだろうか。そして無人島もしくは山に棲んでいる。角や牙はともかく、その身体的な特徴から、鬼の原像は日本沿岸に漂着した南方の漂流民、もしくは航路を失った海賊だろうと漠然と予想していた。ただその説では、鬼に含まれる「山」の要素が説明できないことにも気がついていた。もしカモシカの頭骨を山で見た人が、それを鬼と勘違いしたのなら、鬼に付随する山のイメージを、カモシカで説明することができるかもしれない。

鹿の角は雄だけに生え、骨組織で毎年生え替わるが、ウシ科のカモシカは雌雄ともに角を持ち、爪と同じ角質で芯部分には骨があり、生涯伸び続ける。骸骨になったときにはその芯が円錐型の突起となり印象的だ。

ただ、かつての山人にとって、カモシカは食べ物の一部であったはずだ。骨格に関する知識も充分もっていて、カモシカの骨を鬼の骨と思いこむことは考えにくい。カモシカの骨を鬼にみたてるのはどちらかといえば、動物の骨格に関する知識を失った現代人の感覚なのかもしれない。

角と牙が表すもの

狩猟を通して野生獣と対峙することが増え、角や牙を意識するようになった。角も牙も持たないわれわれにとっては不思議な突起であると同時に、敵意をもってその先端をこちらに向けられると、本能的な恐怖を感じる。眺めていると、進化に潜む必然と偶然、その形状に積み重なった時間の膨大さに圧倒され、奇跡を見せられたようなめまいにさえ襲われる。ケモノたちは幾世代も、自身の固い部分を有効に利用して命を守り、その結果、角や牙を肥大させてきたのだ。実際にイノシシの牙や雄鹿の角で攻撃されて、大ケガしたり命を落としたりする狩猟者はすくなくない。昨年も誤って罠にかかったカモシカを放そうとした狩猟者が角で刺されて死亡している。

今よりケモノたちが身近だった昔であれば、野生動物が持つ角や牙は、もっとあたりまえの存在で、得体の知れない者や身体的に強靭な者に、凄味をもたせようとしたときに付け加える、典型的な想像の帰着点だったとも予想できる。漂流民や山に籠った奇人、異形者として追いやられた人など、鬼のモデルになった人間に角や牙があるという想像には、たわいない脚色の匂いが漂っている。ミケランジェロはモーゼの頭に角をつけたし、室伏広治にも角が似合う（私見です）。

世話になった先輩猟師が「家に子鬼のドクロがある」と言っていたことを思い出し、連絡してみた。

「まだある」というので、一升瓶を手に訪ねると、築一五〇年を超えるその家の蚕部屋の奥に奉られた神棚に問題の鬼のドクロが置いてあった。一瞬ぎょっとさせられたが、よく見るとサルの骨で角の部分は漆喰で加工したようだった。

「サルじゃないですか」ととがめると「いや、鬼だ」と笑っている。私よりすこし年上の先輩が子どものころからあったという。じいさんが山で拾ってきたとか、隣のばあさんに取り憑いたところを叩いたとか、由来話はいくつかあるらしい。やんちゃな子どもを震え上がらせる効果はいまでも現役で、「Iさんちの子鬼といっしょに倉に閉じ込めるぞ」といえば、村中の子どもがゲームを終わらせて布団に入るという。

代々猟師の家なので、加工された角の部分はかなり精巧だった。

「鹿角ではなくて、カモシカのタイプですね」というと「鬼は女も角があるし、毎年、生え替わらないからな」と返ってきた。

狩られるライチョウと狩られないライチョウ

北海道でライチョウを撃って食べているというと、多くの人が驚いて一瞬言葉を失い、その後「ライチョウって撃っていいんですか」と恐るおそる問いただしてくる。北海道に生息するエゾライチョウは、本州の高山に棲むニホンライチョウとは属が違い、狩猟鳥獣に指定されていて、狩猟期間には誰でも獲ることができる（法定猟具を使う場合は免許と許可と登録がいる）。

そう説明すると安心して、たいていは「で、旨いんですか」と質問が続く。日本アルプスなどで登山中にライチョウを見た多くの登山者が「旨そうだな」と思っているということだろう。親戚にあたるエゾライチョウの味からライチョウの味、というか旨そうと感じた自分の感覚を確かめたいようだ。

私もサバイバル登山中にライチョウを見かけると、獲って食べたいと思う。だが、もちろん獲らない。一七〇〇ほどしか残されていない貴重な遺伝子を個人的な欲望で減らしてしまうことは、違法行為の中でも悪質でイメージが悪い（もし行為に及んでそれがばれたら大変なことになる）からだ。

ライチョウを見るとそのような思考が毎度頭の中を巡り複雑な気持ちになる。私がもしライチョウを獲って食べたとしたら、それを知った多くの人は激しく非難するだろうし、私は法的な制裁を受けることになる（家族もさすがにあきれるだろう）。だが、そうやって非難する（だろう）人たちや、私に制裁を加える（だろう）人たちが、日常の生活で私より、地球の温暖化をわがこととして考え、温暖化ガスの排出を少しでも抑えるべく努力しているとは考えにくい。ライチョウが減ったのは、簡単にいえば温暖化でライチョウの生活圏が縮小したからである。ということは人間の日々の経済活動がライチョウを殺しているわけだ。間接的にちょっとずつライチョウを殺している人たちに、ライチョウを捕らえて食べた人を非難する資格はあるのだろうか。

ライチョウが人を恐れないのは、人に狩られてこなかった（狩られた時期が短い）からだといわれている。狩猟対象ではなかった理由は、山岳信仰がある日本では高山だけに生息するライチョウを神聖なものとして捉えていたためとされる。北極圏（とその近辺）に生息しているニホンライチョウの近縁種（狩猟対象）は人を恐れて逃げるらしい（ニホンライチョウの仲間が、エゾライチョウ属の生息域を飛び越えたさらに北に生息しているのはおもしろい）。

たしかにライチョウは人から逃げないが、ほかにも逃げない鳥や動物は多い。たとえばエゾライチョウもあまり逃げない。地面でエサをついばんでいるエゾライチョウは人の接近に気がついても、近くの樹の枝まで飛ぶ程度で、狩猟者（私）が鳥用の弾を散弾銃に装填するのを待っていてくれる（ことが多い）。

ライチョウと並んで、高山の生き物の代表であるカモシカもあまり逃げない。ウシ科の動物は好奇心が強いらしく、阿波踊りのように手を揺らしながらゆっくり近づくと数メートルくらいまで接近できる（二回試した）。カモシカはひととき数を減らすほど狩られ、「肉」を意味する名で呼んでいた地域もあったらしい。だが、特別天然記念物になってから狩られることがなくなり、あまり逃げなくなったようだ。人が訪れない源流部に生息するイワナもあまり逃げない。保護区にいる鹿や、狩猟期間外の鹿もあまり逃げない。とくにエゾシカは、狩猟期間が終わって撃たれなくなると、途端に警戒心が低下する。

かつて生物学では、家畜は人間と暮らすことを選んだ生き物とされていた。いまは、人への警戒心がすくない個体を掛け合わせることでどのような動物も家畜化できるとわかっている（『家畜化という進化』）。

日本のライチョウが逃げないのは、ライチョウの元々の性質と、実際に狩られてこなかったという二つの理由からだろう。そしてライチョウが狩られなかったのは、信仰に加えて、人の生活圏から離れた高山に棲む生き物をわざわざ獲りに行く労力とリスクが、得られる肉に見合わなかったからではないかと思う（実際に、山に滞在するときは獲って食べている記録がある）。

さて、エゾライチョウの味だが、かなりおいしい。といっても考えただけでよだれが出るというほどではない。見た目ほど脂はなく、脂とうま味がある皮（トリ皮）を残して羽根を抜くのは面倒な作業になる。可食部分もニワトリに比べるとすくない。小柄の痩せた地鶏という感じで、味も質感もヤマドリとほぼ同じである。

余談だが、狩猟鳥の中では、マガモが味も肉質も格段に良い。

山は、鹿が鳴くころ、気前がいい――秋山に響く音の断章

秋の虫が生息しない海外の地域から夏の終わりの日本に来ると、大地から染み出してくる奇妙な音の美しさに驚くという。妖精が小さな楽器を鳴らしていると思うのだろうか。都心の高層マンションで育つ子どもたちも、そのうちそうなるのかもしれない。

虫の音と紅葉は重ならない。紅葉は寒気が来るごとに色づき、昆虫は寒気が来るごとに減っていく。それでなくても山の気温は低く、そもそも標高の高いところに棲む虫はすくないので、紅葉の山に泊まっても、虫の音は聞こえない。風がなければ、渓からの微かな沢音が山全体に響いているだけである。

そんな静寂の空間を、悲しげな鹿の発情鳴きが切り裂き、余韻を残して消えていく。「ピピー」と膜を振るわすような音が次第に高くなり、途中から「プー」と低音へと切り替わって小さくなる。品のない猟師に鹿の鳴き声を表現させると、股ぐらを掻きながら「かいーよー（かゆいよ）」と笑う。そんな鳴き声である。

首都圏の団地で育った私は、山登りをするようになるまで鹿の発情鳴きを聞いたことがなかった。しかも聞いたのは山登りを開始してかなりの年数が経ってからだった。

それは二〇年ほど前に、一〇月の南アルプスの白峰南嶺《しらねなんれい》を縦走したときのことである。それまでは、鹿の発情期に鹿の生息エリアへ登山に行くことがなかった（としか考えられない）。秋は奥秩父の小

川山でクライミングをしてきたのだが、廻り目平で鹿の声を聞いた覚えがない。

白峰南嶺は、伝付《でんつく》峠から北岳へ北上した。崩壊した林道が奈良田《ならだ》峠から藪尾根に変わり、広河内岳《ひろごうちだけ》で登山道が現れて、ハイライトは三〇〇〇メートルの稜線（白峰三山）になる。気温の寒暖差が激しいので、時期を合わせれば紅葉は素晴らしい。水をどう調達するか（どこに宿泊するか）が踏破のポイントだ。私は水の湧いている奈良田峠手前のコルと池ノ沢の源頭で宿泊した。その奈良田峠手前のコルでの夜のことだ。

手が寒冷じんま疹でかゆくなるほど冷え込んでいた。天気がよかったので、テントに入らずにシュラフに入った。大井川東俣の微かな音が谷間に響き、悪沢岳《わるさわだけ》の上には残照をうけたオレンジ色の雲が浮かんでいた。そんな情景を唐突に甲高いケモノの咆哮が切り裂いて消えた。初めて聞いたはずなのに、状況とにわか知識とこれまで聞いた鹿の声（警戒鳴き）と音量から、ひとときで鹿の盛り鳴きだとわかった。

悲しげな鳴き声は、大井川の谷間に何度か続いて消えていった。声の主は対岸の蝙蝠《こうもり》尾根にいるようだった。渓を隔てていたこともあり恐怖心はなく（暗闇の中で対峙する大型動物は怖い）、空に無数の星が輝き出すまで、鹿の声は途切れ途切れにくり返された。

私が知らなかっただけで、毎年毎年、昔からずっと、これが南アルプスの秋の夕暮れの音だったのだ、と私は思った。今でも鹿のラッティングコールを聞くと、白峰南嶺の夕暮れのオレンジ色の空が脳裏に浮かんでくる。

鹿のコール猟

その後、私は狩猟をはじめ、鹿は身近な存在、というか、摂取するという意味では文字どおり身体の一部になった。だが、狩猟をはじめた最初の数年は鹿の盛り鳴きを聞くことはほとんどなかった。本州の狩猟の解禁日は一一月一五日なので、鹿の発情はほぼ終わっているからである。ただ、手当たり次第に狩猟の文献を漁っていて、発情期に縄張り意識が高まる雄鹿の習性を利用した鹿笛猟というものがあることを知った。

当時の私は、まだ自分の猟銃で鹿を獲ったことがなく、早く一頭目を撃ちたいと焦っていた。だから、鹿笛猟のことをかなり調べた。鹿の盛り鳴きを笛で真似て、雄鹿を近くに寄せられるなら、こんなに確実なことはない。だが、本州の解禁日は発情期の終盤だったことと、当時は今ほど鹿の生息数が多くなかったことから、鹿笛猟は一子相伝の奥義のように扱われ、オモチャのような鹿笛は高価で、吹き方も難しかった。効率よく寄せるという触れ込みで、雄鹿の小便の実物が高い値段で売られていたほどだった。

世話になっている山里の老猟師に鹿笛猟のことを聞くと、かつて村にいた鹿笛猟の名人は、ピンと張ったヒキガエルの皮に息を吹き付けて音を出していた、と教えてくれた。なんでもその名人は、雄の鳴き声を真似て雄鹿を怒らせるだけでなく、雌の声で雄鹿を誘惑して寄せることもできたという。

毛バリで釣ったイワナは、エサで釣ったイワナに比べて、殺して食べる罪悪感がすくない。エサにハリを仕込むのは卑怯なだまし討ちだが、ニセモノの毛バリを咥えさせるのは「騙されたおまえが悪い」と言えるからである。雄の声ではなく、雌の声で寄せる鹿笛猟も毛バリに似たフェアさがあると深く感心した覚えがある。

秋の北海道へ

秋のサバイバル登山で北海道に行くようになったのは、狩猟をはじめて七年目だった。

狩猟というのは概してローカルな行為で、ケモノの居着く場所の知識がないと、なかなか成果が上がらない。渉猟中ずっと緊張していることは、相当な胆力の持ち主でも難しいからだ。鹿が居着いているところは集中し、そうでないところは適度に気を抜いて移動して、また居着いている場所では集中する、を単独忍び猟はくり返す。だが、初めて訪れる猟場はその加減が難しい。だから狩猟をはじめたころは、山旅と猟を融合させ、鹿肉を食料として山に登ることなど考えもしなかった。

ところが、猟場の開拓をくり返すうちに、地図からなんとなく鹿の居着きそうな場所がわかるようになり、そのうえ、鹿の生息数が社会問題になるほど増えたこともあって、はじめて訪れた場所でも鹿が獲れるようになっていった。

そうなると「ちょっと北海道に狩猟登山にいってみようかな」と考え出すまで時間はかからなかった。狩猟熱が高かった当時の私にとって、本州よりも解禁が六週も早い北海道で、いち早く狩猟を開始したいと考えるのはあたりまえの成り行きだった。

はじめは知床半島の根元の海別岳《うなべつだけ》から斜里岳に行ってみた。半島の先端は特別保護区だし、日高山脈の解禁は一〇月二二日だった（北海道でも解禁日は地域によって違う）ので、消去法で選んだ山域だ。ケモノとの出会いは、いつだって数奇な縁が重なっている（気がする）。知床登山でも二日目の朝に「こんなことあるのか？」という奇妙な出会いから、一頭の雌鹿を仕留めることができた（詳しくは『狩猟サバイバル』参照）。結局、その一頭の鹿肉だけで、海別岳から斜里岳まで歩き通すことができたので、ザックの中の四キロの猟銃は旅のあいだずっとただの重しだった。

斜里岳へのラインとしたシュンクンベツ川で、鹿の強烈なアンモニア臭がすると思ったら、真っ黒い大きな雄鹿が立っていた。仁王立ちで私を見下ろす鹿はキツい目つきでこちらを威嚇していた。私が近づいていくと、不承不承な態度で笹藪を登っていったが、もし最初から銃を出していたら、充分に撃てる状況だった。本州と違い北海道では、解禁と鹿の発情がバッチリ重なるのだということに私は改めて気がついた。

日高山脈の鹿

三週間後の一〇月末、日高山脈が解禁になって一週間後、今度は猟銃を持ってペテガリ岳をめざしてみることにした。腰のポシェットにはちゃんと鹿笛が入れてあった。狩猟をはじめたばかりのころは特殊技能のようで敷居の高かった鹿笛猟が、そのころには、北海道を中心に一般的になっていて、誰でも簡単に吹ける鹿笛が手に入るようになっていた。

思い返すとそれまでも、猟期のはじめは大きな雄鹿とばったり出会って、首尾良く仕留めるということが何度かあった。猟期の中盤から終盤は、獲物は雌ばかりになり（おなかが大きくなって動きが鈍くなる）、雄は姿を見ることさえまれになる。解禁直後の雄との出会いは発情期の影響に違いなかった。

低気圧が北海道に入り込んで、元浦川の奥にある神威《かむい》山荘で足止めを食った後、ニシュオマナイ川の支流から峠越えでペテカリ山荘へ向かった。ペテガリ岳をめざす登山者には、よく使われる峠越えだが、一般ルートではなく、遭難が多発しているという事前情報に、相当構えて挑んだが、歩いて見ると日高では標準といっていい道だった。

峠を越えて、ベッピリガイ沢川に降り立ったところで、左手の笹藪で突然雄鹿の盛り鳴きが響いた。声の感じから一〇〇メートルほどしか離れていない。せっかくなので、ザックをおろし、銃を用意して、私も鹿笛を吹いてみることにした。だが、気負って吹いた笛から出てきた音は、自分でも笑ってしまうほど鹿の盛り鳴きとはほど遠かった。

それでも、プーとかピーと鳴らしながら、これはちゃんと練習しないとダメだ、と思っていたら、笹藪の中から、ドスドスドスと音がして、大きな雄鹿が私を中心とした円を描くように目の前を歩いていた。慌てて銃を構えて、引き金を引いた。ぜんぜん鹿の鳴き声に似ていない音色で、鹿には申し訳ないし、私は私で安易すぎて、肩透かしを食った感じがした。

解体し、入るだけの肉をザックに詰め込み、二本の後脚を結んでザックにぶら下げて、ペテカリ山荘までの残り三キロほどを歩き始めた。鼻先が冷たいほどの気温だったが、すぐに汗が滲みだし、顎を伝って地面に落ちた。もしかしてこれまで担いだ荷物で最も重いかもしれない。苦行にあえぎつつ歩いていると、別の雄鹿がまた一頭、目の前に立っていた。笛を吹いたわけでもないのに、道の真ん中に仁王立ちになり、私をみて、前脚でガツガツと地面を叩いている。さっきの雄鹿のニオイが私に付いていて、雄鹿と勘違いしているのかもしれない。肉は充分、もう一グラムも荷物を増やすことなどできはしない。両手を膝の上につき、重荷にあえぎながら「どけ」と私は鹿（というか地面）に叫んだ。

その登山期間中、鹿の盛り鳴きはあちらこちらから聞こえてきた。鹿の声は耳の奥に残り、そのうち遠くで鳴いているのか空耳なのかわからなくなった。帰り道、鹿が近くで鳴いたら、練習と遊びをかねて鹿笛を吹き、五〇メートルくらいまで雄鹿を寄せることができた。銃を構える格好をして、バーン、バーン、バーン、と言って、おまえ三回死んだぞ、と声をかけると、鹿は変な顔をしながら去って行った。

鹿の盛り鳴きが私にとっての秋山の音になって一〇年になる。今年の秋は、北海道横断無銭サバイバルの続きを繋げるべく、新千歳空港から知床岬へ出かけてみるつもりである。おそらくまた、たくさんの鹿の盛り鳴きを聞いて、そのうちの何頭かを、実際に撃つことになるだろう。近い将来、獲物として出会う雄鹿がいまも北海道の森をウロウロしていると思うと、下腹部がくすぐったいようないつもの獲物気分に襲われる。

寒波がやってくるたびに秋の虫の声が小さくなり、夜が静まりかえるころ、また、狩猟のシーズンがやってくる。

第二章 山に登る

若者よ、「山に登れ」という大人に気をつけろ

自分が壇上で話す側になりえるんだというのが、ちょっと驚きだったのでよく覚えている。二〇〇二年に国際山岳年というのがあり、その年の五月に国際連合大学の大きな講堂で開催されたイベントが、私にとって、多くの人の前で自分の登山を報告した初めての場だった。いっしょに登壇したのが、山野井泰史さんと石川直樹くんだったから、私は人数合わせの引き立て役だったといえる。

あれから一四年後の二〇一六年に「山の日」という新しい祭日が施行された。じつは、その国際山岳年から作ろうという動きが具体化したらしい。私も知らずにほんの少し関わっていたということになる。

「海の日」と対にするなら「陸の日」だと思うのだが、それでは詩情が足りないのだろうか。毎年、海の日は港北区陸上競技会が三ツ沢公園陸上競技場で開かれる日であり、私にとっては恒例の陸の日である。

施行年ということもあり、山の日には各地でイベントが行われた。私は呼ばれても断れるよう、ずっと前からちゃんと登山の予定を入れておいた。登山者やクライマー、陸上愛好者の集まり全般に感じるのだが、集まってわいわい話しているより、フィールドに行って自分の活動をしたほうが、自分も深まるし、それら文化の厚みも増すのではないかと思う。

一〇年ほど前までは、山岳書の出版記念パーティーというのがときどきあって、誘われることもあった。参加費に書籍の代金が含まれていて、会場で本が配られるというのが通例で、そのシステムの中身をいろいろな方向から分析してみるのだが、どんなに考えても「知り合いに押し売りしている」という結論にしか達することができなかった。

会費だけの集まりなら話はわかる。

参加者は「(礼儀として)出版された本を買いましょう」というのもわかる。だが、どうせみんな買うんだったら、最初から参加費に本代を含んで配ってしまえ……というのは越えてはいけない一線だと思う。書籍とは表現(芸術)であり、購入とは肯定的な評価である。知り合いだからといって表現を無条件で高評価するというのは、芸術表現にとって正しくない。

なにかにつけ自分なりに意味を突き詰めたい性分なのだろう。国際山岳年のときも、そういう「年」だと宣言することにいったいなんの意味があるのか考えた。

そもそも西洋の登山は探検の一環で、地上のいろいろな場所に人間は行くことができるのかという人類の可能性の探求が大きな目的だった。モンブラン初登頂から約二〇〇年かけて、ほぼすべての山は登れることが証明され、その時点で、登山はその役割を終えるはずだった。ところが登山は終焉せず、人々の趣味として確固たる地位を築いた。私自身、自分の登山に人類史的な意味などないのに、深い魅力を感じて、続けている。あげく、国際連合が突然、山岳年なんてのを宣言した。

人類史的な意味を失ったのに、なぜ登山は終わらないのか。当時は本気でいろいろ考え、暫定的な結論を得た。

「もともと探検の意味合いのほうが登山のおまけであり、山登りには根源的に人を惹き付ける魅力があるのだ」というものである。

この結論は私自身が、登山を本気でしつこく続けていることを肯定している点で、なかなか魅力的だった。そもそも日本人は昔から霊峰登山が好きだ。とくに信仰心がなくても、行ってみたいという理由だけで登ってきた。山に行けば、人は生命体としての身の丈を知る。それは、普段の生活では疑うこともなくなった現代文明の存在を意識させ、物質文明に行き過ぎた面があるならば（ある）、それに歯止めをかけることにもなるだろう。もしかして登山は文明をよりアダルトに洗練させる為に存在する、いや、そもそも登山の存在理由はそっちにあるのかもしれない。

その思い付きを国際山岳年の報告書に書き、変形させて『岳人』にも書いた。さらには『サバイバル登山家』のあとがきにも入れた。二回も使い回したということは、自分でも相当な慧眼だと思っていたようだ。

そのあと登山がどうなったのかというと……。あまりマイナスのことは書きたくない。文明の毒は山の魅力に勝り、登山者ですら山を街と同じように考えて、そのことを疑わなくなっている。すくなくともそういう登山者が増えているように私は感じる。慧眼どころか私の目は節穴だったわけだ。

山の日がきっかけになって、子どもたちが自然に触れる機会が増えたらいいなどと聞く。もっと単純に、子どもたちを山に登らせろという意見もある。だが同じ口で、山で死んではいけないと言う。大人は心が汚れているので、そういう二枚舌をおかしいとは思わない。

だが、子どもたちは嫌な匂いを嗅ぎ付けているはずだ。

本気で山に向かうというのは、その結果として死ぬかもしれないということを含んでいる。子どもが登山に目覚め、もっと登ろうと思えば、道半ばで死ぬかもしれない。本気でやればやるほど、その確率は高くなる。

山に登れ、冒険せよ、と言うのは、若くして死んでしまう可能性を承知のうえで勧めるということである。

たとえ何人かが道半ばで人生を終えることになっても、命懸けの挑戦にはそれだけの価値がある。すくなくとも私はそう信じて、登山を続けている。

山登りを勧めるということは、途中で死んだとしても、その生き様を肯定するということだ。だがその覚悟を持って「挑戦せよ」と言っている大人がどれだけいるのだろう。すくなくとも私はこれまでの人生でほんのわずかしか会ったことがない。

われわれがすべきことは、山の日の制定などではない。若い登山者が一人死んだら、それだけこの世界はつまらなくなるかもしれないが、それでもなお「挑戦した君の人生を祝福する」と宣言することだと思う。

登山の自由とはなにか

北アルプス、笠ヶ岳の古い登山道を検証すべく笠谷に入渓した(『岳人』二〇一六年一月号の特集「ニッポン開山物語」)。じつは笠谷から笠ヶ岳に登り、槍見温泉に下山したところで、今回歩いたエリアが岐阜県内だったことに思い当たり、ヤバいと思った。

というのも下山口に立派な登山・下山届ポストがあり、私たちと前後して下山した二人のクライマー(錫杖エリアを登っていた)が、下山届を書いていたからだ。岐阜県では条例によって登山届が義務化された。

山に登る登らないはそれぞれの登山者の自由意思に委ねられている。登山届、というか、計画書を書くかどうかも本来は登山者の自由である。

個人的には計画書が好きなので、単独でも、パーティーでもちゃんと書くことが多い。ただ、今回は天気予報や同行フォトグラファー(亀田)の予定から、出発が突然になったため、計画書はごく簡単なものだけで、登山届は提出していなかった。亀田が大学探検部の出身で、沢登りを専門としていたことを知っていたので、技術的に不安がなく、登山に対する意識もある程度は共有しているという点も、手抜きを助長した。

個人的には登山届の「義務化」には反対している。登山は究極の自由だと、解釈しているからである。さらに言うと、登山にまつわる「常識」や「ルール」すべてが好きではない。

常識やルールとされていることをいちから全部、自分で検証し、採用するかどうか自分で判断して作り上げるのが登山であり、そこを放棄したら登山ではない。先人が積み上げてきたことを軽視するつもりはないが、自立とは自分で考えて判断することだ。

計画書は、自分の登山を客観的に検証したり、忘れ物を防止したり、仲間と意識を共有したりするのに有効である。それでも書くか書かないかは、登山者の自由である。自分の登山にとって有益だと考えれば作成すればいいし、無益だと思えば作らなくてもいい。

その計画書を登山届として行政に提出するかどうかも同じだ。計画書同様、登山届が自分の登山にプラスだと思えば提出すればいいし、そうじゃないと思うなら提出しなくてもいい（はずだ）。すべて登山者の自由であって義務にすべきではない。

そもそも登山届の意味とはなんだろう。おそらく最大の効用というか存在理由は、万が一事故を起こして動けなくなったときに、迅速に救助をしてもらうための資料である。もしくは行方不明になったときの捜索の手がかりだ。となると、登山届を提出する登山者は最初から自分が遭難することを想定しているのだろうか？　遭難したときに他人の救助をあてにしているのだろうか？

野生環境の中では何が起こるかわからない。生き物は必ずエラーを犯す。山のチャレンジにリスクはつきものだ。だから、絶対に遭難しないとは言い切れない。もし遭難してしまったとして、状況が許すなら、遭難者本人にとっても、山仲間や家族にとっても、救助する側にとっても、ヘリコプターによる迅速な救助が効率や合理性という点で目的にかなっている。

さて、さらに一歩引いて考えたい。

「もしかして遭難しちゃうかもしれないし、もしそうなったときは警察や消防に助けてもらいたい」と思っている人に、登山の自由を認めていいのだろうか？

どこからが遭難で、どこまでが微笑ましいアクシデントかというのも問題だ。足の骨を折っても這って自力下山した登山者もいれば、熊の気配がするという理由でヘリコプターを呼んだ人もいる（らしい）。岩登りをしていたら、ルートが崩壊していたので腰が抜け、救助を呼んだという話も聞いたことがある。

行政は救助の要請があったら、それなりに対応しなくてはならないと聞く。熊の例だと、もし救助要請を「バカらしい」と無視したあとで、救助要請した人が熊に襲われたら問題になるからだ。

問題の本質が「問題になる」ところにあると思うのは私だけだろうか。熊の気配がするから助けて欲しい→「すぐに自力で下山してください」→熊に襲われた→「ま、そういうこともあるよね」というのが成熟した社会ではないのか？　熊の生息域に入っていった本人の責任はどこにあるのだろう。

という話を煮詰めていくと「自己責任論」に行き着いてしまう。イラク人質問題やイスラム国人質問題で議論されていたあれだ。巷《ちまた》では個人の責任に帰結しちゃえばいいという論調のほうが強かったようだし、私も正直なところそう思っていたが、行政やマスコミなどは、国は国民を守る義務があるといった人道論を展開していた。

山岳遭難も似ている。好きでリスクも承知して山に行っているんだから、遭難しても行政が救う必要はない、もしくは救助を有料にしろという主張はまっとうだ。登山者としてはちょっと寂しいだけである。寂しいが、私は、登山者が救助される権利を主張するほうが抵抗がある。「なにかあったら助けてほしい」は、登山の自由を失うきっかけになりかねないからだ。

登山は自由である。それには責任と同時に覚悟がいる。それは命懸けの覚悟である。すくなくとも建前上はそうあってほしい。

というようなことを考えている人は多いようで、究極の自由を求める思想をリバタリアニズムというらしい。さながら私は山岳リバタリアンというところだろう。

登山と自由に関してはもう少し考えていることがあるので、また触れたいと思う。なお、笠谷は危険地区には指定されていないため、登山届の提出はすくなくとも義務ではなかった。

危うい経験を経ずに、タフになる方法はあるのだろうか？

暖かくなったのでニワトリの卵を孵《かえ》すことにした。六羽が産んだ卵を三日分集め、不良卵を除いて一四個を孵卵器《ふらんき》に入れた。一週間ほど経ってから、卵を暗いところに持って行って、下から懐中電灯で照らすと、発生具合がわかる。妻が卵を持ち、娘が下から照らし、三人で覗き込んだ。一四個すべてを検卵して、不発生は三つ。

最後に手に取った一個も確実に発生していた。全体を見渡せば、まあまあの成績である。ほっとして気が抜けたのだろう。妻は娘が卵を持っていると思い、娘は妻が卵を持っていると思ったらしい。検卵を終えた最後の卵が、ふたりの手からするりとこぼれ落ちた。「ヒッ」と息を飲むような音を発することしかできなかった。

重力加速度による自由落下は、人間の思い――時間よ止まれ――からも自由である。一秒の半分にも満たない時間で卵は床に達し、割れた。命の喜びが瞬く間に死へと暗転する無情。

私は思わず「うわあああ」と叫んでしまった。ヒステリックな叫び声だった。コンマ数秒に生の喜びと死の絶望が隣接していることが、これまで接してきた山仲間の死を一気に思い起こさせ、大声を上げないと、正気をもっていかれそうな感じだった。

殻と白身が飛び散り、黄身が割れ、割れた黄身の中に発生をはじめて一週間の胚が二つの目玉になって浮かんでいた。

板の間に飛び散った「いのち」の残骸をボウルにすくって、翌朝、庭に撒いた(肥料)。

「絶対にやってはいけないミスだったことが、ミスして身にしみた」と妻が言った。

あるアルパインクライマーが一〇年ほど前に言っていた言葉を私は思い出した。

「強くなるためにギリギリの体験をくり返すという考えを、われわれはそろそろ改めるべきなのかもしれない」

命のスペアはない。だからクライマーはもうすこし賢い方法で、自分を鍛えたほうがいい。そのときは、ほんとうにそんなことができたらすばらしいと思った。

だが今はそんなに都合のいい話があるのか疑っている。


関野吉晴さんとその仲間がインドネシアから石垣島まで移動(航海)する話が映画になって公開された。できるだけ人間が本来もっている力だけで旅をおこなうことを条件としたユニークな試みだった。まずは砂鉄を集め、タタラで玉鋼にし、鍛冶で刃物を作る。それをインドネシアに持って行って、船の材になる巨木を切り出そうとするが……。現地の協力がなかなか得られない。電気やエンジンをあえて使わない理由を理解してもらうことが難しいからだ。

手作りの工具以外を使わずに舟作りをしてくれる船大工をようやく見つけ、いよいよ砂鉄から作った斧で巨木を切り倒し、その木をくりぬいて船を作る。エンジンもGPSも載せないカヌーでいっしょに航海してくれる漁師を仲間とし、ようやく旅が始まった。

全行程を三回に分けることになってしまったが、いよいよ石垣島が目前に迫る。旅をした仲間たちは石垣港を前になぜか黙り込む。旅の結果を知っていたのに映画を観ていた私も気持ちが熱くなった。

上映期間中に関野さんに呼ばれて映画館で対談をした。人力へのこだわりが私のサバイバル登山と似通っていたからだろう。

「人間が何世代もかけておこなった移動を、いっぺんにやってみただけ」と関野さんは言っていた。対談の最後に会場から、危ない旅を続けることと「死」の折り合いをどう付けているのか、という質問があった。関野さんは苦笑しつつ「折り合いは付けていない」と答えていた。関野さんのような人はやりたいことをやるためにはどうすればよいかという方向からしか考えない。危険だけど、死なないでやりぬくにはどうすればいいか。

関野さんはそれでもいい。だが、インドネシア人クルーはどうなのだろう。必要に迫られたわけでもない非効率な旅をインドネシアの人はどう捉えていたのか。気になって、その場で関野さんに聞いてみた。

現地クルーも旅が進むにつれ、日本まで行きたいという思いを強くし、最初反対していた家族や知り合いも人力の旅を評価するようになった、とのことだった。

なんでわざわざ手作りのカヌーなんだ？　と言っていた人々が、実際に行為を見せられて、「自力の旅」の魅力に気がついていく。父親のやることに家族が誇りまで感じるようになる。これこそが、手作りの自力旅行、最大の成果だったのではないか。

自力の旅には説明なしで人を納得させる力がある。行為者はもちろん、周囲も必ず感じるものがあるのだ。だが、旅の途中で事故を起こしていたらどうだったのだろう。生と死は紙一重だ。だとすれば、失敗したときにも、成功に準じた評価ができなければ公正ではないと、私は思う。

妻の手からこぼれ落ちた発生卵は不運だった。だが、命とは先のわからない闇の中をバランスを取りながらなんとかつながっていくものなのではないのか。命はそもそもその存在がはじめからギャンブルであり、存在とはイコール試行錯誤なのだ。そう考えたほうが私にはしっくりくる。

命懸けではない体験を重ねて、命懸けの修羅場を重ねたようなタフな登山者になろうというのは、やはり矛盾している。もしなれたとして、登山者はほんとうにそんなものを求めているのだろうか。それは結局ニセモノではないのか。

失敗しても学ばない人もいる（私だ）。でも失敗しても自分が学べないということは学ぶことはできる。

圧倒的なクライミングが示すもの

『岳人』の特集の取材で、角幡唯介、大西良治（称名川《しょうみょうがわ》本流単独完全溯行）、佐藤裕介（甲斐駒ヶ岳スーパー赤蜘蛛フリーソロ）にそれぞれ会って、インドカレーを食べながら話を聞いた。探検や登山のトップ級の行動者に直接話が聞けるというのは山岳雑誌編集者の役得である。ただ、緊張がないわけではない。

角幡くんは古くからの知り合いだし、行為を文字列に変換して世に問う同志だと勝手に思っている。彼の探検はすくなくとも私の身体能力を大きく逸脱しておらず、やろうと思えばできそうでもある。優秀な書き手でもあるので、私の質問への応答も最終的な頁のイメージをおそらく描いている。取材するほうもある意味、気が楽だ。

一方、大西くんと佐藤くんは、基礎となる登攀能力が私よりはるかに高く、別格の求道者といえる。うかつな質問をすると呆れられたうえに「だから服部さんはダメなんだ」と日頃の怠惰を糾弾されるのではないかとビクビクだ（あくまでイメージです）。

スティーブ・ハウスがナンガ・パルバットのバリエーションルートをアルパインスタイルで登って来日したとき、山野井泰史さんを交えて、インタビューをする機会があった。

「ナンガのルパール壁をグレード化（デシマル表示）するとどうなる」と聞いて、両名に「ビッグマウンテンはグレード化できないし、意味もない」とこき下ろされた（『岳人』二〇〇七年五月号）。

陸上競技はシンプルに時間や距離で競うため、あくまでイメージ上だが、競技レベルを比べることができる。たとえばフルマラソンなら、世界のトップは二時間ちょっとである。市民ランナーとしては三時間を切るとなかなかのもので「サブスリー」というタイトルがつく。トップアスリートの一・五倍の時間内に走れるなら、一般社会でそこそこ速いランナーというわけだ。

クライミングにおける「サブスリー」はおそらく5・13マイナス周辺なのではないかと私は勝手に考えている。

さて、ハウスと山野井さんにぼろくそに否定された質問を、じつは大西、佐藤の両名にもぶつけてみた。大西くんは「(称名川完全溯行は) 5・13マイナスくらいなんじゃないかな」と軽く答えた。

「え？　ムーブのグレードが？」

「ムーブはボルダーの二級くらい。12マイナスか11プラス？　得意不得意でもちがうかな？」

プアプロテクションで12マイナスの難度が交じるトラバースを四〇ピッチ以上続けると、ルート全体の体感グレードは5・13マイナスになるということか……。

佐藤くんは「愚問ですね」と笑いながら、以下のように言った。

「追い込まれた状態で正確な動きをする能力は、グレード化できないんじゃないかな。すくなくとも僕はクラックの12プラスまではオンサイトしたことがある。

フリーソロは単純に言えばグレードより、身体と岩の接触している面積のほうが問題です。スラブやカチのフェースなど身体と岩の接地面がすくないほどフリーソロしにくい。風や濡れ、小さな落石やちょっとしたつかみ損ねなどの不確定要素に左右されてしまう。

未知のラインを狙う本気のアルパインとか黒部に比べたら、スーパー赤蜘蛛のフリーソロにはそれほどのリスクは感じなかった。フリーソロはもちろん命懸けなんだけど、死を覚悟したチャレンジというつもりはさらさらなかったですね」

大西、佐藤の両名に宮城公博を加えると、那智の滝事件のトリオになる。宮城くんは二月に佐藤くんと伊藤仰二くんとともに黒部劔大滝右岩壁のトサカ状岩峰「ゴールデンピラー」を登っている。パーティーが追いつめられたときに大便を食べて隊の士気を鼓舞した功労者だと聞く。二〇一六年の登山シーンをリードしたのは那智の滝トリオだったということだ。

そもそも冒険は反社会的な面があるので、那智の滝事件に際し「登ることで神聖な滝を汚した」と熊野那智大社や世間一般が考えたのは、理解できる。だが登山関係者まで、世間に同調して三人を否定したことに、事件当初、私はやや驚いた。登山者自身が、登山とは神聖なものを汚す「恥ずかしい」行為だと思っていると表明したようなものだったからだ（宮城くんが主宰していたセクシー登山部の下品なホームページのせいというのもある）。

正直にわが身を振り返ると、若いころの登山には自己顕示欲が丸出しのものがあった。だが、そんな雑念まじりで始まった登山でもヤバければヤバいほど、見栄や野望は見事に消え去って、無心で登山に集中しなければならなかった。自己顕示欲で登れるような山は最初からその程度の山なのだ。那智の滝はどうなのだろう。雑念まじりで登れる程度の滝が、ご神体になるのだろうか？

すくなくとも称名川の完全溯行は、見栄や野望を動機に登れるレベルではない。大西くんは「好奇心探究心で黙々と独りで沢に入ってきたので、初溯行記録とかグレードとかはほとんど気にしたことがない」と明言する。スーパー赤蜘蛛のフリーソロも同じである。佐藤くんは記録的な価値はまったく考えずに取り付いたと言っていた。

「動機に雑念が入り込む余地のない圧倒的なクライミングをすることで、登山行為は恥ずかしいと表明した登山界に無言のメッセージを送っているの？」と二人に聞いてみた。

これも愚問だったようだ。別々に聞いたのだが、反応はほぼ同じ。一瞬キョトンとしてから「ただ純粋に登りたいところを本気で登っているだけですよ」ということだった。

みんな(他人の)遭難が大好きである

ときどき人前で話すことがある。よく受ける質問が「山で食あたりになったことはないのか」だ。他人が不幸になったり、苦労したり、病気になるのが、みんな大好きである。ひとりで山にこもっているときに、腹痛でのたうち回るのは辛いので、食べ物に関してはあまりリスクをとらないようにしている。

つぎに訊かれるのが「もっとも命の危険を感じた瞬間は?」である。人は他人が死にそうになった体験も大好きである。単独行の場合は、行動面でもあまりリスクは冒さない。

山で「ヤバい」と思った瞬間が、ほんとうに危険かどうか、じつはよくわからない。クライミング中に、五センチ下にあるスタンスに気がつかず、全身をがくがく震わせていることがある。ヤバいと思った瞬間がほんとうに危険なのではなく、なんともなく行き過ぎた瞬間が、じつは死の淵だったかもしれない。

「登山は命懸けだからすごい」と言われることがある。たとえば高橋尚子さんにも言われた。オリンピックの金メダルのほうが断然すごい。

幅四寸の角材を地面に置いて、その上を歩けといわれても、健常者なら問題なくこなせるだろう。だが、それが高さが二メートルならどうだろうか。一〇メートルなら?

高さがあっても、地面に置いたのと同じように角材の上を歩くこと。これは登山者に求められる重要な資質である。失敗したときに予想されるダメージにパフォーマンスが左右されるようでは、登山はままならない。難しくないことを、確実にこなし続けるのが、登山の本質ではないかと思う。ナンガ・パルバットのルパール壁をアルパインスタイルで登ったスティーブ・ハウスは「ムーブの一つ一つはそれほど難しいものではなかった（5・9まで）」と言っていた。

「命懸けだからすごい、という評価はおかしい」と言ったのは鈴木謙造（故人）である。登山が身体表現の一つであるなら、リスクの高さではなく、まず純粋な身体能力が評価の基準になるべきで、そのうえで、どこをどう登ったなのではないか、と鈴木謙造は説いた。

山ではリスクが取りざたされるが、じつは競技系のスポーツでも、試合や競技中に「待った」はない。ひとつのプレーに「それまでの人生」や「選手生命」がかかっていることもある。登山のリスクが直接命にかかわるだけだ。それはいったいどれだけの凄味なのだろう。

トップアスリートが体験する世界は、鍛え上げ、勝ち残った者だけの世界である。一方、登山は開かれていて、きのう登山を始めた者でも、難しい課題にチャレンジすることができる。クライミング能力がそれほど必要のないラインを選べば、危険ではあるものの、登れるかもしれない。しかも、登山は嫌ならやめられる。すくなくともやるタイミングもやめるタイミングも、自分で選ぶことができる。

登山は命懸けだからすごい、と外野が思うのは自由である。だが登山を実践する者が、自分で言いはじめたらそれは「甘え」だと私は思う。

先日ＮＨＫラジオに出たら、番組終了後に「服部さん本人は遭難する覚悟をもっているとしても、実際に遭難したら、家族や社会に迷惑がかかる、という抗議が来たらどうしましょう」といわれた。ＮＨＫはクレームに対応する部署があり、番組ごとに想定されるクレームを列挙して、そのための対応をレジュメにしておかなくてはならない（らしい）。私が出る番組は、焚き火とか獲物とか山菜採りとか、視聴者が意見したくなる要素をたくさん含んでいるらしく、収録後にいつもこの手の話になる。

常に連絡をとれる状態にして、いつでも安否の確認をできるようにしておくのが、世の常識だと考える人が結構多い。私は誰にも行き先をいわない「蒸発登山」というものをしたことがあるが、万が一のときも救助はいらない、という態度は一般的に反感を買うようだ。

遭難や行方不明の何がどう「迷惑」なのか、よく考えると曖昧である。家族は、稼ぎ頭が消えたから困るかもしれないが、仲間の救助活動は自由意志、行政の救助は仕事である。第三者にはなんの迷惑もかかっていない。遭難と耳にして迷惑だと考える人は、ぜひ、現実的にどんな迷惑がかかったのか教えてほしい。

ある大学で講義をしたら、似たようなちょっと違う質問が来た。最近の大学はスマートフォンで先生の端末に質問を送る。以下、原文のママである。

「服部さんがすきなことをして命を落としてしまったとして、服部さんはそれでよくても子どもは選択肢が狭まった人生を強いられ、好きなことをできなくなってしまうんじゃないでしょうか」

好きなことをして生きるのはおもしろいと授業で連発したので、その足をすくいにきた質問だ。親は子を育てる義務がある。はたして、子は親に育ててもらう権利をどこまで主張できるのだろう。

この質問をそのまま息子たちに向けてみた。

「たとえ親子であっても、やりたいと思っていることをとめる権利はないでしょ」ということだった。

黒部の冬期未踏ルートを誰か登っちゃってください

方々からインタビューだの取材だのトークイベントだのを頼まれて、いろいろな人に会った。モンベルフレンドフェア福岡にも顔を出した。

若いころは「なにかでかいことをしてやろう」とスケールの大きな生き方に漠然と憧れていたので、取材されたり、人前で話をしたりする身分というのは感慨深い。取材者や聴衆に話をしながらいつも、「へー、おれって、壇上で話す登山家になったんだ」とどこかで人ごとのように考えている。ただ、正直に言えば、過去の話をするのはちょっと飽きた。

だから近年は秘密にしておいたこともトークイベントで正直に話すことにした。一五年前、雪黒部の写真を見せてコメントするときは「まだ、未踏のラインがあります」と言うだけだった。一〇年前から「八ツ峰Ⅵ峰《やつみねろっぽう》の北面は冬期未踏です」とより具体的になった。五年前から「八ツ峰Ⅵ峰の北面は冬期未踏なので、登ったら『岳人』にカラーページで紹介します」と提案にかえた。

そして最近は、なんで自分が登らないのかを、わざわざ分析して、告白まですするようになった。（ややマニアックな話になるが）赤ハゲ東稜は冬期未踏、三ノ窓尾根北面も冬期未踏、そして八ツ峰Ⅵ峰北面も冬期未踏である。どうやってアプローチするかはさておき、この三つはそこそこ自然に繋ぐことができるので、登ったらたぶんおもしろいし、冬期初登というタイトルが三つも付いてくる。

それがわかっているのに登りに行かないのは、なぜか？

冬は狩猟のほうがおもしろいからというのもあるが、正直なところ怖いからである。

昔は違った。初登攀というわかりやすいタイトルが欲しかった。それが自分の登山者としての能力を証明してくれると思っていた。失敗したところで、失う物もなかった。自分はなに者でもなく、山で死んだところでどうでもいい。死にたいわけではないが、チャレンジしないで、くすぶったまま、自分で自分を認められずに生き続けるほうが、死ぬよりよっぽど怖かった。

ようするに私は、純粋に黒部の冬山登山を楽しんでいたのではなく、タイトルを含めて雪黒部に憧れていた。結果的にいくつかのルートを登ることができ、プロフィールに書く登山記録も少々手に入れたら、登るのが怖くなってきた。

いまさら一般人が聞いても意味不明の冬期初登コレクションを、ひとつふたつ増やしたところで、肩書きにさしたる変化はない。だとしたら寂しいかな、私にとって冬の黒部はリスクを取ってまで登る対象ではないのだ。

自分のやっていた登山の危険率が自分が見積もっていたほど高くないことは承知している。

死んでもともとくらいのつもりで計画は立てるが、心のどこかで絶対死なないように注意しているし、ヤバそうならさっさと逃げ帰ってくる。

それでも岳友が数人、山で死んだ。

冷静に分析して私よりいろいろな面で有能だったヤツもいる。もし生きていたら、どんなおもしろいことをしたのだろう、と思うこともある。同時に、期待されたまま死んで消えるというのはズルいんじゃないか、と思うこともある。それはまるで予告編だけで、本編を評価するようなものだ。ほんとうに世に評価されるためには、面倒くさいことを地道に積み重ねて、結果を出さなければならない。全部うまく行くわけないから、情けない思いをすることもある（よくある）。一方で、死んだ仲間は、あいつが生きていたらこれくらいやったはずだ、と盛られる。うらやましい。

いや、たとえ苦しみはあろうとも、面倒くさいことを地道に積み上げて行くことで、なんとかこの時空間に存在し続けることのほうが、死んで惜しまれるより、ましである（と思わないとやってられない）。

インタビューやトークイベントの最後に、つぎの目標は？　つぎの計画は？　とよく聞かれる。目標を掲げ、そこまでの日程的計画を具体化するのは、人生を充実させるためのよくある手法であり、私も嫌いではない。だが、密かに抱いている野望は、人に言うことではない。

この手の質問を聞くたびに、心の奥で「まずおまえの夢を語ってみろ」とつぶやいている。他人の未来の計画（野望）を一方的に聞こうなんて、おこがましい。

夢を口にするというのはそのときの自分と正面から向き合う怖いことである。言葉にしたものの実現できないと、嘘をついたか、努力が足りなかったということになってしまう。言った瞬間、自分はほんとうに夢に向かって歩んでいるか、自分で自分に突きつけることになる。

それでも夢は口に出したほうがいい、と写真家の石川直樹くんが言っていた。そのほうが実現することが多い（気がする）というのである。自分を励ますことにもなるし、縁が縁を呼んで、夢が向こうから近づいてくるという。

でも、やっぱり登山の場合、目標を公言するのは、自分を死地に追い込むようでちょっと怖い。そういう私が、じつは若者の野望を聞くのが好きで、若者と焚き火を囲んだときには訊ねたりしている。

縦走、私の山旅の原点

大学時代に所属していたクラブはワンダーフォーゲル部だったので、夏も冬もとにかくただ縦走することが活動だった。登山道があろうがなかろうが、雪が積もっていようがいまいが、とにかく稜線に上がったら、時間と燃料と食料が許すかぎり、どこまでもその尾根をたどっていく。「どうせ行くなら全山縦走」というピークハント的な徒歩旅行が、クラブの使命だった。

怠けず、焦らず、重い荷物を背負って毎日歩き続けること。食料や燃料を計画どおり消費し、毎日テント生活を続けること。日本の気象を知り、周期的にやってくる悪天に耐えること。地図をきちんと読めるようになること。稜線上を旅しながらも水を確保し続けること。

年間八〇日くらい登っていたので、一年の二割ほど、飽きもせずにそんなことをくり返していた。体力、生活、地図読み、暇つぶし（睡眠）という山旅の基礎はみっちり鍛えられた。

稜線をたどって歩く登山は、日本の山独特の形態のようだ。英語圏ではトラバースといわれるが、日本人の感覚とは違っている。山稜の頂点をつなぐように歩くことができて、なおかつそれが徒歩旅行として楽しく、人間の活動として適度な規模になる地理的環境が、他の国や地域にはあまりない。アルプス、ヒマラヤ、アンデスなどは、稜線上をたどるのが地形的に難しい。稜線からはずれて野生環境を歩くトレッキングは「縦走」ではなく徒歩旅行である。

ただ日本の縦走も、それほど古い活動ではないようだ。というか、人が自己表現やレクリエーションで山に登るようになったのが、ここ一〇〇年くらいのことである。木暮理太郎と田部重治が、高尾から雲取山までを、稜線伝いに歩いたのが最初の縦走といわれている（ルートの一部は山里）。それ以前でも、富士講《ふじこう》、大山講《おおやまこう》、白山禅定道《はくさんぜんじょうどう》など、山頂をめざす旅はごくあたりまえにおこなわれていた。だが、わざわざ山をつないで歩くことを楽しむ、という考えが存在しなかった。山を越えたいときは、尾根のもっとも低い部分を、すくない労力で越えた。楽しみや気晴らしのために山頂に行くというのは、昔の人には理解できない新しい文化だったのである。

ただ、峠を越える古い道は、沢沿いではなく、尾根上につけられていることが多い。尾根のほうが歩きやすく、地形的に安定しているからである。

縦走登山の一日

山頂までを往復する一般的なピークハントより、縦走登山のほうが難度が高いと考えられている。どちらも道を歩いているという行為に違いはないものの、経験済みの道をいつでも下りられる往復登山に比べて、縦走は常に未知の領域に踏み込んでいくうえに、ある程度進むと戻ることのほうが大変になる。さらに山中泊をくり返すため、生活技術も必要になり、荷物も重い。

縦走には、いわゆる登山の基本的なことがすべて詰まっている。私の大学時代の基本的な一日の行動を振り返ってみたい。

夏の起床は通常三時だった。起床三時出発五時を略して「さんごー」と言った。「あしたサンゴーねー」というのが使用例である。行程が長い場合や、天気が崩れると予想される場合、下山日でいろいろ前倒しにしたい場合は「にーよん」になる場合もあった。

起床から出発までは二時間。撤収とパッキングだけで三〇分以上かかるので、炊事身支度などは一時間強で済ますことになる。一年生は起きたらすぐに眠い目をこすってスタッフバッグになかなか入ってくれない化繊の寝袋（モンベル「タフバッグ」＃3）を必死に詰め込んで、スペースを作り、ガスストーブに火をつけて、寝る前にテントの前に用意していた鍋をかけ、お茶を沸かす。甘いストレートティーである。大人数の場合は別のストーブに大鍋をかけ、ラーメン用のお湯を沸かし始める。上級生は炊事する一年生の邪魔をしないように、ゆっくり起きて、身の回りの整理をすればいい。テントがジャンボエスパースか、ダンロップであれば入り口が二つあるので、炊事の邪魔をせずに「キジ」に行くことができた。

朝食のインスタントラーメンはチャルメラやサッポロ一番などの素ラーメン。前夜がカレーだった場合は、マルちゃんカレーうどん。規定の水量で作るのは無理なので、茹であがった麺の状況を見て、スープの粉を何袋入れるか案配する。ラーメンは大抵焼きそばとラーメンの中間のようなどろどろの代物となり、使わなかったスープの粉は非常食としてキープされる。

胃袋に自信がない者は、朝からベトベトのインスタントラーメンを食べることができない。自信があっても、冷めたベトベトのラーメンはつらいので、残しそうなメンバーから、食べられない分をあたたかいうちに食器に移してもらう。

ラーメンを食べ、紅茶でラーメンの食器を洗いながら飲み、ティーバッグを一年生が取り合って吸い、吸ったティーバッグで鍋を拭いて、朝ご飯終了。どれもこれもアフターコロナの現代ではまったく考えられない行為である。

個人マットをテントの外に広げて、その上に個人装備を出し、行動用の靴下（濡れている）に履き替えて、パッキング。テントを持つ担当はテントを撤収しないとパッキングが進まない。テントの中にメガネを吊したままの者がいることが多いので、中をよく確認して、ポール（フレーム）を抜く。

そして歩行開始。黙々と、もしくは馬鹿話をしながら歩く。峠、ピーク、分岐、水場、広場などのきりのいいところで、小一時間ごとに休む（全員地図を確認）。昼ご飯は時間を見て配給になる。通常はパンとチーズなどが配られるが、マッシュポテトを練るときもある。マッシュポテトにはラーメンのスープの残りの粉をかけたりする。粉ジュース（フルフルといわれていた）を水筒に入れて、食器に分配し、配られることもあった。食器はかつて当番が全員分持っていたが、遭難時などの緊急時に鍋にもスコップにもなるというリスク管理の観点から個人装備になった（アルミ製に限定）。そのため食事時には各人からいろいろな形状の食器が出てくるので、一年生は食料を均等に分配するのに苦労し、分配が多い少ないはパーティー内の会話の定番だった。

正午には予定の行程を終わらせることが多い。それでも五時に出発しているので七時間行動になる。コースタイムより速く歩き、一〇時ごろに予定テン場についてしまい「半沈」することもある。良いテントサイトを確保するためには早いほうがいい。

一五時くらいまでは、自由時間。散歩したり、昼寝したり、リーダーが持つ広域地図を借りて、つぎの登山ルートを考えたり、古新聞を読んだりする（古新聞は用途が広いので共同装備になっている）。本を持ってきている者はいない。

一五時を過ぎたら米炊きと夕食作りが始まる。夕食はじゃがたまにんじんとカリカリに揚げた肉を茹で、カレーかシチューかクリームシチューのルーを入れるだけ。

現在は乾燥食品を使って、手早く調理を済ませてしまうが、かつては山での共同炊事が縦走のかなりの部分を占めていた。

「食う寝る出すがうまくいったらその登山は成功」というのは登山に関して強い影響を受けた和田城志の名文句の一つである。

ゆっくり作っているうちに一六時になるので、気象担当はラジオの気象通報で天気図をとる。手が空いている一年生も練習で一緒にとる（天気図をいいわけに炊事をサボることは高等テクニックとされた）。とりなれていると声で読み上げの上手い人か下手な人かわかる。加賀美さんなど有名なアナウンサーが読み上げることもある（上手い）。

天気図ができあがったら夕飯。私はテントの床にできたばかりの天気図とそれまでの天気図を並べて、見ながら食べるのが好きだった。甘い紅茶を飲んで、夕食が終了。リーダーが「あしたサンゴーねー」とメンバーに告げて、一八時には眠ってしまう。

長期と重荷

初日は久しぶりの重荷が身体にこたえ、二日目はその疲れで調子が上がらず、三日目から急に身体が軽くなると主張する仲間が多かった。三日目以降は時間や日時の感覚がなくなっていく。そして下山日の前日には終わってしまう寂しさに包まれ、最終日になると久しぶりに街に降りるワクワク感とともにハイになって下山する（「下山パワー」と呼ばれていた）。

荷物が重いことがステータスだったので、軽量化を真剣に考えているものはいなかった。ただ、重いといっても夏場の荷物の総重量はせいぜい二〇キロくらいだったと思う。

軽量化に関して考えるようになったのは、卒業して単独行が多くなってからである。和田城志が「あるよりないほうが絶対的に軽いで」とよく言っていた。和田はザックに縫い付けてあるロゴや不必要なバンドまでとっていた。たとえ数グラムでもあるよりないほうが軽いからだ。

装備を軽いものに替えて軽量化を図っても限界がある。効果が高いのは、持たずに我慢する、技量でカバーする、根性で考えないようにする、ことだ。予備（非常食、予備電池、着替え）はすべてカット、あると便利なもの（サンダル、ランタンなど）もカット、万が一の装備（救急セットやツェルト）もカット、としていくと、装備はシンプルになり、登山もシンプルになる。さらに必要なものを現地調達すれば、より荷物は軽くなる。食料燃料などまで現地調達するのは別の話になってしまうが、水の現地調達はあたりまえである。ペグも現地で調達できる。トイレットペーパーも水で代用できる。だが食器や箸は現地調達しないで、専用のものを持って行ったほうが使いやすい（重さ分の価値がある）。

予定の全行程を日帰りしてしまえば、宿泊装備がいらないので、荷物は劇的に軽くなる。トレランの考え方である。山で夜を過ごすにしろ、寝泊まりしなければ、三日の行程でも、四日の行程でも、日帰り装備（生活用具と宿泊装備なし）で歩くことができる。私が最近一緒に歩いている犬は、つねに着の身着のままだ（エサは私が運んでいる）。

だが、そもそも縦走とは旅である。旅とは移動そのものを楽しむものだ。あまり急いでしまったら、旅のおもしろさは失われる。逆にゆっくりすぎても、展開が少なくてつまらない。

日本の山は、徒歩旅行に残された、この国最後のフィールドだ。身ひとつとザックに詰めた装備たちだけでいかに気持ちよく旅するかは、なかなか奥深く、それゆえにおもしろい。

単独行は危険だというけれど

大学のクラブで下級生だったころは、自分より先に誰かバテてくれ、と思っていた。そして実際にいつも自分以外の誰かがバテた。だが誰かがバテて「楽になった」と喜んでいたのは、一年生のときだけだった。

大学生活をすべて山に注いでいる部員と勉学の合間に趣味で登っている部員の体力差が埋まることはない。体力や調子を加味して荷物を分配したところで、毎度、パーティーの歩行速度はもっとも体力的に劣るメンバーに合わせることになる。バテた者は精根尽き果て、一方の私は、山旅に物足りなさを感じながら下山することになる。そんな山に対する情熱に温度差のある集団を抜けだして、充実した登山ができる環境（社会人山岳会）へステップアップするということも考えた。だが、それはそれで怖かった。

メンバーがそれぞれ独自の能力や特徴を活かして補い合うのが登山パーティーである、というのは美談であって現実ではない。自分の体力が一〇だとして、八の体力の者と山に行けば、その登山の限界はどうしても八になる。一〇たす八が一一や一二になることはなく、八、うまくいっても九である。

もしうまくいって九になれば、八の者にとっては、自分より登山力が高い者と組むことで、実力以上の登山ができたことになる。だが、引き上げてもらって喜べるのも最初だけだ。自分のためにパートナーは充実した活動になっていない、という引け目がすぐに生まれる。そもそも、引っ張り上げてもらって、実力以上のことをできてもあまりおもしろくない。

ちょうど同じくらいの力の登山者同士がチームを組んで、お互いが実力以上の登山ができる（先の例えを使うなら一〇たす一〇イコール一二になる）ことは、非常に幸運な登山で、ごくまれにしかおこらない。


誰かと行くことで自分は力を出し切ることなく登山が終わる。もしくは逆に自分が足を引っ張ってしまい、同行者が消化不良のまま登山が終わる。どちらもおもしろくないなら、独りで行けばいい。それが私の単独行の始まりだった。

大学のクラブは単独行を禁止していた。執行部（三年生）の許可を受けていない登山がそもそも禁止であり、無許可登山は闇山行と呼ばれていた。

私は単独闇山行を開始した。笛吹川東沢の中流部にベースキャンプを作り、周辺の沢をすべて登りまくるという計画だった。沢の近くに張ったテントの中にいると、人の声が聞こえ、登山者が来たかと思ってテントから顔を出した。河原には誰もいなかった。テントに戻ると、熊鈴の音が聞こえたり、おばさんパーティーのおしゃべりが聞こえたりした。人間の脳が、周囲の音から自分の聞きなれた音を拾うと知ったのはだいぶ後になってからのことである。

不安や焦りが先行して、単独行のはじめのころは落ち着かなかった。冬の戸隠にひとりで行って、はじめてバテるという経験もした。だが、単独行をくり返すうちに、他人の制約なく、自分だけで好きなようにできることが、居心地がよくなっていった。他人の視線や感情を意識することなく、自分とだけ向き合って素直な心持ちで山に登れた。単独は危険と思っていたが、危険度は仲間といても変わらないか、お調子者の私は、他人といるときのほうが危険かもしれなかった。単独は救助者がいないので事故が致命的になるものの、仲間の期待に応えようと無理することも、登れないヤツに足を引っ張られることもない。

そしてなにより、ひとりで山(特に冬山)に入る恐怖にうち克ち、高い集中力ともてる能力を発揮して、目標としていた登山を成し遂げ、還ってきたときの充実感は、他では得がたいものがあった。下山後のバスや電車で、窓ガラスに映る自分の姿を見ながら成し遂げた山行のことを思い返すのは快感だった。たとえ自己陶酔だと指摘されても(事実自己陶酔なのだが)、心の底に流れる自信は揺らがなかった。生きている実感そのもののような体験を経てガラスに映る自分は、出発前の自分とは決定的に違っていた。数日前の自分より今の自分のほうが確実に「強い」と確信できた。

気分が乗らないときはいつでも中止できる、というのは、よく言われる単独の長所である。ただ、若いときの単独行は「いまやっておかなければならない登山」なので中止すると弱い自分を責めてしまうため、実際は多少無理しても実行することが多い。

気軽に中止することではなく、だれに気を遣うでもなくいつでも中止「できること」が重要なのかもしれない。いやならやめられると思って家を出て、登るかはラインを見上げてから決めればいいとアプローチし、せっかく来たからちょっとだけ触ってみようと登りはじめて、気がついたら後戻りするほうが大変になって、完登をめざす。

いつでも帰れると思いながら登るのは、登山としては格好悪いが、自分を追い詰める時間が短くなるので、登山者の繊細な心はプレッシャーから守られる。

同じ熱量、同じ技量をもった仲間は、残念ながら自分だけ。

だが、自分がもうひとりいても、こんなめんどくさいヤツとコンビを組むことはない。

軽量化の行き着くところ――サバイバル登山と荷物の関係

ジャングルで原始的な生活をする人々のように、日本でも山刀一丁だけで山ごもりができるのではないか、という発想がサバイバル登山の始まりである。だから最初は、身につけた服と靴以外、装備は剣鉈《けんなた》一丁の予定だった。かなりの軽量化だ。

だが単なる山ごもりでは登山にはならないので、移動（旅）という要素を加え、サバイバル登山のおおよそのスタイルができあがった。サバイバル登山はブッシュクラフトと混同されがちだが、目的地への到達とそこからの生還を丸ごと楽しむ登山である。

「定住」は剣鉈一丁で始められるが、「移動」が加わることで装備はどうしても増えてしまう。小屋がけや摩擦による火熾《おこ》しを、移動しながら毎日おこなうのは効率が悪すぎるからである。とはいえ、剣鉈一丁で計画した最初のサバイバル登山（一九九九年九月上旬の南アルプス）がもっとも荷物がすくなかったのではないかと思う。どうせやるならと志《こころざし》を高くもち過ぎて、一一日間の計画なのに、三〇リットルのザックにすべての食料装備が余裕をもって収まっていた。

といっても最低限の装備はある。まずテントの代わりに持つタープ（四〇〇グラム）。そこに設営用と難所通過用を兼ねたロープが加わるので、実際は自立式のツェルト（シェルター）と重さは変わらない。ロープは装備最大のクセ者である。もし使わなかったら、ザックの中で私のエネルギーを吸い取るオモリだが、難所に出くわしたら命を守ってくれるオマモリだ。例えば、和賀山塊の生保内川《おぼないがわ》上流部にちょこっとイヤなホールドを使って登らなくてはならない滝がある。私はいつも空身《からみ》でロープを引いて登って、フィックスして登り返しているが、もしフィックスロープがなかったら、ザックを背負って登ることはとてもできないので、かなり手前から大高巻きしなくてはならない。利根川本谷の大利根滝や未丈《みじょう》ヶ岳《がたけ》の赤柴沢の上部の滝なども、ロープがあれば、ちょっと頑張れば抜けられるが、巻くとなるとどうなるのか想像がつかない。

　通常私が使うロープは六ミリ×二〇メートルである。懸垂下降と荷上げ用で、登攀はしない。難所が出てきたらロープの末端にザックを結びつけ、逆側を自分に結んで、空身で登って、ザックをロープで引き上げる。空身なら間違いなく登れる場所以外は取り付かない。なお、空身荷上げをやるときはザックとロープが確実に結ばれているか確認しよう。私は難所を越えることに気をとられて、いい加減に結んだまま登り始めてしまい、結局、荷物を取りに戻ったことが何度かある。ロープをフィックスしてあるので荷物を取りに戻るのに危険はないものの、自分のバカさ加減に悲しくなった。

　ロープ以上に役に立たないオモリ的な装備が小銭である（財布はビニール袋にして軽量化）。金属の小さな丸い板は一〇日以上先の下山まで荷物となって私のリスクを高めるだけだが、はたして持ち歩く価値があるのか、いつも考えてしまう。

　仮に登山の役に立たないものの重量を一キロとして、ザックを含む私の全重を七〇キロとすると、登り下りに使う全エネルギーの七〇分の一をただ浪費していることになる。一日七時間行動で一〇日間旅をしたら、全七〇時間行動のうちのまるまる一時間がまったく無意味な仕事をしているという計算だ。これを損失と考えるか、旅の経費と考えるか。もしかしたら大事故のトリガーになるかもしれないと考えるとこれほど馬鹿らしい荷物はない。仮に時給を一〇〇〇円と考えると、一キロで一〇〇〇円以上の価値があるものは、一〇日の登山でも捨てるより持ち運んだほうがいいのかな、と計算をしたりする。となると五〇〇円硬貨は持ち運ぶ価値があることになる。と考えるエネルギーがそもそも無駄だ※。

※この計算だと五円硬貨〜五〇〇円硬貨は持ち運ぶ価値があり、一円硬貨はボーダーラインということになる。

減らせるのは燃料

話を装備に戻そう。サバイバル登山初期のころはマットは持って行かず、落ち葉を集めてその上に眠っていた。大きなスタッフバッグに落ち葉を入れてマットを作ることも試した。その工夫は機能したが、窪地を利用したり、集めた落ち葉を倒木や石で堰き止めるほうが話が早い。寝心地だけを比べるなら、落ち葉よりウレタンマットのほうが断然快適だ。マットの嵩《かさ》や重量と落ち葉を集める手間と寝心地の違いを比較してどちらを取るかである。落ち葉プラスマットはさらに快適だ。ちなみに渓を歩いていると、マットは落ちていることが多い。稜線から風で飛ばされてきたのではないかと思う。マットを拾って以来、私はそのマットをサバイバル登山に使っている。

そしてはずせない重要装備が鍋である。シベリア抑留者の記録にも、飯盒《はんごう》は最も重要なもののひとつ、とあった。火にかけられる容器は山で調達できない。具体的には焚き火にかけて扱いやすいバケツ型のビリー缶は、野宿移動生活の必需品である。

軽量化が簡単なのは食料と燃料だ。まず燃料だが、日本の山には薪がたくさんあるので燃料もストーブも持ち歩く必要はない。一〇〇円ライター（フリント式）をひとつ持ち、宿泊地を探す頃合いに白樺の木から皮を取ってポケットに入れておく。焚き付けはたっぷりあって困ることはない。雨降りのときは中が乾いている薪を集め、タープの下で、たっぷりの焚き付けを使わないと、火を熾すのは難しい。宿泊装備であるタープは、雨の日は焚き火道具のひとつでもある。テントではなくタープを選ぶのは軽量化以外にもここに理由がある。さらに中が乾いている薪（立ち枯れ）を切ってくるノコギリが必要で、私は雨の日用に固形燃料も持っている。白樺の皮は雨で濡れていると焚き付けにならない。

雨が降っていなくても、焚き火を安定させて、気持ちよく炊事するためにはノコギリで薪を切りそろえたほうがよい。ノコギリはシルキー・ズバット270の代え刃のみで一三〇グラムである。これら焚き火道具と手間のすべてを考えると二泊程度ならジェットボイル一式を持つほうが圧倒的に効率が良い。

ただ、私のスタイルでは燃料（焚き火）と食料を切り離して考えることはできない。二泊くらいまでならインスタントで我慢できても、長い山旅のときは、お米を炊いてご飯を食べないと単純にやってられない。米を炊くには（インスタントに比べて）熱量が必要だし、ご飯をおいしく炊きあげるには焚き火の遠赤外線が適している。また焚き火は燃料の残量を気にせず、暖を取ったり、衣類を乾かしたり、湯たんぽを作ったりできる。遠赤外線の温泉効果か、疲労回復にも良い気がする。

キャンプ指定地に泊まるときは、焚き火は選択肢にならない。焚き火が威力を発揮するのは野宿が長期間続くサバイバル登山だけである。キャンプ指定地はルールやマナーが多く、そのために持参しなくてはならない装備も増える。ということは、キャンプ指定地に泊まらないことが、私にとっては軽量化の一部ということになる。

炭水化物依存症

日本の山は食べ物になる生命に溢れているので、食料を持ち歩く必要はない。と言いたいところだが、現代文明人は程度の差はあれ、みんな、炭水化物依存症のため、山中で調達の難しい炭水化物は、ある程度持参しなくては禁断症状に苦しむことになる。最初のサバイバル登山の試みでは、米は一日半合（八〇グラム程度）だった。荷物は軽いものの常に空腹感に苦しめられ、微熱が出たような肌寒い状態がずっと続いた。

サバイバル登山から下山するたびに暴飲暴食するということを何度かくり返し、それを無意味と考えて、少しずつ山に持って行く食料を増やし、現在は一日四〇〇グラムの計算で生米を持って行く。実に最初期の五倍である。塩や砂糖や味噌などを含めたら、一日分の重量は五〇〇グラムくらいになり、軽量化しているとは言いがたい。

オカズは山中で調達することになるが、釣り具一式で二〇〇グラムだとすると、小ぶりなイワナ一尾と同じ重さなので、長期の場合はかなりの軽量化ということになる。ただ刺身を造るには刃物とまな板が必需品で、おいしく食べるために醤油とワサビ（と海苔）も必要だ。現地調達が重量化になっている。インスタント食品とは調理をほぼすべて事前におこない、最後にちょっとお湯を注ぐなり温めるなりすればいいだけにした加工食品である。山での炊事に使うはずの燃料や調理器具を事前に済ませて街に置いてくるわけだから、軽いに決まっている。だがそれは事前に登山の一部を街で済ませているという意味でズルい。

秋から冬のサバイバル登山では、猟銃を持って歩くが、銃は装弾を含めたら四キロ以上になる。中くらいの鹿を仕留めれば三〇キロは肉が獲れるので効率がいい、とはならない。そもそも四キロの銃の代わりに四キロの干し肉を持っていれば、一日一〇〇グラム食べたとして四〇日間歩くことができる。そもそも肉を山中で三〇キロ手に入れても運ぶことができない。

生肉は旨いうえに、獲物が移動先で待っていてくれるという効率の良さはあるものの、猟銃は、食料を現地調達することでより深く旅を楽しもうというこだわりの部分が大きい。だが土地のものを食べることこそ旅ではないのか？　くり返しになるが、事前に工場で作られたものにお湯を入れるだけの食事では私は旅を楽しめない。インスタント食品で我慢しながらでもどうしても登りたい山はもうなくなってしまった。五人くらいのパーティーに銃一丁なら、ひとり八〇〇グラムの換算になるので、効率が良いといえるかもしれない。鹿もイワナと同じで、解体に使うナイフや運搬に使うヒモ、肉を保存する防水袋など、周辺装備もそこそこの重量になる。保存のためには塩もいる。せっかくの鹿刺しはニンニク醤油で食べたいのでニンニクもほしい。ここでも現地調達という重量化が発生している。

なにも持たないのがいちばん軽い

近年、犬と一緒に旅をしているが、犬は身ひとつでどこまでも歩き、どこでも眠る。雨のときも濡れないところを見つけて入り込む。山旅の達人（達獣）だ。

人間は火を扱うようになって文明化したという。だが文明を得た代わりに火がないと生活できないようになってしまった。そのため山旅の装備にも火にまつわるものが多い。また人間はサイズが大きいので、雨を避けられる場所も簡単にはみつからない。

ある、より、ないのほうが絶対的に軽い。究極の軽量化は犬のようになにも持たないことである。シビアなクライミングやスポーツの試合など、身体能力を少しでも発揮したい場面ではできるだけ軽量化を考える。ただ登山は野生環境の中に長時間身を置く行為なので、短時間で終わるスポーツのような軽量化はできない。

極論すれば数日かかるような長い行程でも、山岳耐久レースのようにジェルを舐めながらほとんど眠らないで駆け抜けることもできる。その気になれば野良犬のように、残飯をあさりながら、旅をすることだってできるかもしれない。だが、だれもそんな登山をしたいとは思わない。

軽量化を煮詰めていくと、われわれは一体なにを求めて山に登るのか、という本質的な問いかけにたどり着く。目的地に行って帰ってくる、もしくは、行程をただ踏破するのが山登りではないからだ。

速攻ではこなせない大きな山や、長い行程、困難なライン、もしくは冬期に登りたいのなら、野生環境の中で代謝を続け、ある程度の期間、自分の健康を維持しなくてはならない。そのためにはどうしても山の中に生活用具を持ち上げて、それなりの生活を続ける必要がある。

またわれわれ登山者は、山の点景として自分がそこに存在することや、山中を移動することそのもの――「山の中に流れる時間」を求めている。安全とスピードのためにやたらと荷物を軽くして、そのぶん山で過ごす時間が味気ないものになってしまったら、登山はそもそもの意味を失うことになる。もちろん荷が重すぎたら登山にならない。なにを心地よいと感じるのか、そのバランスの均衡点が、おのおのの装備や食料の重量である。

長期間、健康を維持しながら快適に山旅を続けられる最低限の装備と食料――それが私のザックの重量である。

山の花に興味のない登山者が興味をもつために

自分という物体を山の頂まで運び上げ、また下ろしてくる。どうすればそれを上手くできるのか。考え、装備を揃え、食料を用意し、必要があれば鍛錬して、実行する。それらをまるごと楽しむのが登山である。だから登山の動機は、山やルートへの漠然とした憧れ――自分に登れるのか、生きて帰って来られるのか、以外にはない。

高山の動植物を観賞することや、地質、歴史、山岳展望、ピークコレクションは登山の彩りにはなっても、目的にはなり得ない。西洋のアルピニズム的な登山の捉え方に毒されているといわれたら、そのとおり。そもそも若いころは花が咲く季節の山行は、登山だと思っていなかった。

そうはいっても、沢登りで山稜に出て、そこで高山植物が咲き乱れているのを見たら嬉しくなる。短い夏を惜しむように一斉に咲いた花畑に遭遇すれば幸運だと思う。同時につい、なんで目の前の花たちは、わざわざ環境的に厳しいところに生える必要があったのかを考える。厳しい環境でたくまし く……と、小さな草に感情を移入する自分に、厳しい山こそが高山植物にとっては生き残りやすい環境なのかもしれないよと、突っ込んでいる。

ときどき、ふとしたことから、高山植物に関する知識がほとんどないとバレることがある。そんなときは、日本の山を正しく味わっていない、もしくは、登山者としての深みに欠けると思われている気がして、居心地が悪い。高山植物への愛と知識はいつのまにか登山者のたしなみになっていて、それを身につけていない私はどこかで自分に引け目を感じているのだ。

はたして花に興味がない私は、低俗な登山者なのだろうか。

花を愛することにした

というわけで花を愛することにした。『これで高山植物が好きになる』なんて入門書はなく、まずは『花の百名山』と『新・花の百名山』を手にとった。なんてことはない、著者の田中澄江は、もともと野の花が好きで、日本の低地に自然環境がすくなくなり、山に花を見に行くようになった、と書いていた。ワンダーフォーゲル活動が、日本中にアスファルトが敷かれて徒歩旅行の対象を失い、山を旅するようになったのと似ている。

最初から花が好きなら、山の花だって好きに決まっている。そういう私にもじつは好きな山の花がある。ニッコウキスゲである。好きと言っても好物だ。

沢仲間の榎本成志が北陸に継続溯行に行ったとき、稜線の湿原でキスゲのつぼみをつぎつぎと口に放り込みながら、「ニッコウキスゲって旨いんよ」と教えてくれた。以来、東北や南会津で湿原に出たらキスゲのつぼみを探している。

実際には、つぼみを生で複数食べると口の中がごわごわしてきて気持ち悪くなる。だが、さっと湯がいて醤油をつけたり、軽く炒めたりしたら絶品だ。あえてたとえるならアスパラガス。街の八百屋さんに売っていても買うと思う。

他に山で食べる花はウド。花をつけるほど成長したウドは硬くて食べるところはないが、花は揚げれば食べられる。それほど旨くはない。

他にも花ではないけど好きな高山植物がある。食虫植物だ。日本の山の湿原には小さなモウセンゴケが生えている。光合成で栄養を作り出せる植物のくせに、虫を食べて栄養にしてしまうというアウトローぶりがたまらない。だが、好きな高山植物を食べたり見たりすることを目的に、登山をすることはない。

山の花は登山者のたしなみ

もしかして山の花に魅力を感じられないのは私だけで、山に登攀行為を求めているクライマー的登山者も、ほんとうは山の花が好きで、知識をひけらかさないだけなのだろうか。

もしそうなら、私に花の魅力を教えてくれるかもしれない。

というわけで山野井泰史さんに電話した。山野井さんは普通の人がまったく考えもしないような方面から光を当てた意見をぽろりという。もしかして私が知らない高山植物の登山的魅力を知っているかもしれない。

「いや全然興味ない」

「少しくらいあるでしょ？」

「山で花を見ればキレイだなとは思うけど、それだけかな。ヒマラヤのアプローチとか、すごいお花畑の中を歩くときは、踏むと縁起悪そうだから避けて歩いてる。でも花が咲いていない草なら踏んでもいいのかな?」

「山野井サン、虫好きですよね」

「特に甲虫ね」

「虫を見に山に行くことは?」

「うん、そろそろ出るころかなあと、近所に見に行くことはあるけど、虫を目的に山に登ることはないな」

山仲間ではもっとも登山歴の長い(半世紀以上)翻訳家の海津正彦さんにも同じ質問をぶつけてみた。

「歳とってさ、歩くのが遅くなるじゃない。それで足元に生えている花なんかよく見るようになったけど……、ほら、休むための口実で」

登ることを目的に山に向かう友人の気持ちは、やはり私と同じようだ。そこでガイドの山田哲哉さんに聞いてみた。山田もオーソドックスな登山者だが、ガイドルートの宣伝に「お花畑に出会える」などと謳っている。高山植物の魅力に関しても開眼しているにちがいない。

だが、聞いてみると「うっ……」と詰まって言葉が続かなかった。「仕事柄、興味がないってのも格好わるいから書かないでよ」

「その引け目はどこから来るんですか」

「知らないよ」

「いちばん好きな高山植物は？って聞かれたら何を挙げます？」

「うーん、たとえばゴールデンウィークの白馬に登って、栂海《つがみ》新道を下りていくと、カタクリの大群生があるんだけど、あのなんとも言えない紫色の可憐な花を目にすると、この冬も生き残った、少しはいい登山ができただろうかという感慨が溢れてくるよね」

「それは、高山植物の魅力ではないですね」

「奥秩父の十文字峠のシャクナゲ（六月上旬）は見事だよ」

「それを見るために登ります？」

「それだけではないけど、それを含めてなんとなく足が向くことはあるかなあ」

「それならかなりの花好きですよ」

同じガイドでも高山植物に詳しい松井茂さんにも聞いてみた。

「植物が好きだからだよ。ハットリサンみたいな山登りをしているのとは違うから」

「でも、花を見るために山に登るんですよね」

「うん、登る。低地の花も好きだけど、山に登って花を含めた景色すべてを見たいし、標高の低いところでは見られない花に純粋に会いたい」

「山野草ではダメですか」

「山の草木を街で育てることは、そういう文化ごと根絶したほうがいいくらいに思っている。たとえ盗掘ではなく栽培種だとしても、元をたどれば山から持ってきたものだし、庭で山野草を見たいという欲は盗掘に繋がる。高山植物は自分がその山に行くのが魅力」

「正直、その魅力がわからないんです」

「もともとは大英帝国を中心にした博物学の流れなのかな？　ただ、今は植物の採取ではなく、生育環境に自分で訪れる時代。私なんか、花を見る山旅が人生のモチベーションだよ」

高校生のころから植物に興味を持ち、大学での専門も植物学という松井さんは高山植物を見るためにその生育環境に徒歩旅行で訪れるのがたまらないらしい。

花はそこにあればいい

人がサッカーのグラウンドに行くのはサッカーをするためだ。もしサッカーグラウンドがずっとずっと広くて、そこにしか咲かない珍しいスミレの群落があったら、花好きな人はそれを見るためにサッカーグラウンドに行くかもしれない。

もちろんそれはサッカーではない。でも、ついでにボールを蹴ることはできる。「ピッチに入れるのはサッカーをする人だけですよ」と言われたら、花を見るためにサッカーをする人だっているかもしれない。それはもうサッカーだ。

もし花を見るためにサッカーをする人が増えたとき、足元のスミレに興味をもつことなくサッカーを続ける私は、なにかに引け目を感じる必要があるのだろうか。

私はたぶん、花を見に来ただけなのに、サッカーをしているような顔をされるのが嫌なのだと思う。

そんな人がほんとうにいるかどうかわからない。被害妄想とわかっていながらついつい「花を求めて登るのは、登山じゃない」と言ってしまう。

花というよりは季節を、自然のすべてを感じるために登る、とある人はいう。あるいはその山の魅力が、そこに咲いている花ってこともあるのかもしれない。だが、やっぱり未知なるものに知恵と勇気と肉体で立ちむかう行為が登山なのだ、と私は思う。そこに花があるかどうかははっきり言って関係ない。私だって、花はないよりあるほうがいい。その程度には、私も山の花が好きである、たぶん。

一九九六年、日本山岳会青年部K2(8611m)登山隊
遠征時代の締めくくりとなった大量登頂

一九九〇年代、ヒマラヤ登山は変革期に入ってごちゃごちゃしていた。トップレベルのアルパインクライマーは少人数で八〇〇〇メートルクラスのバリエーションルートを登り、エヴェレストではその真逆のような商業公募登山が始まっていた。山野井泰史さんがチョー・オユー南西壁をソロで登ったのは日本山岳会青年部がK2を登る二年前の一九九四年。一九九六年の五月にはエヴェレストの商業公募隊が遭難事故を起こし、日本人女性の難波康子さんが死亡して日本でも大きく報道された。

そのころ、大学のクラブで山登りを志した若者は、トップクライマーと商業公募登山のクライアントの中間に位置していた。ひいき目に見れば中間よりややトップクライマー側だったと思う。少人数でバリエーションルートからヒマラヤの高峰に登る技術と経験はなかったが、集団でなら自分たちの力でルートを切り拓き、登頂するノウハウと体力は充分にあった。今ではあたりまえになったチタン製の酸素ボンベが、まだ信頼性の定まらない最新アイテムだったころである。大学山岳部の若手OBは、トップクライマーの報告に羨望と嫉妬と焦燥を感じつつ、エヴェレストがお金持ちの遊戯施設化していくことを横目で見ていた。ヒマラヤ登山から地理的な開拓という探検的な要素は薄れ、登山は個人の楽しみに変わりつつあった。人類史的な意味が薄れていくヒマラヤ登山に、社会的な注目や評

価も減っていった。

登山が古典的な意味合いを失っていくなかで、大学の山岳部も斜陽がささやかれていた。それでも意欲があって登山力が高く、できれば登山で身を立てたいと考える若者がクラブに一人か二人はいた。そんな若者はヒマラヤ登山にわずかだが漂っているロマンの残り香を必死で嗅ぎつけるようにして、世界の高峰に挑んでみたいと強く思っていた。一つの大学で海外登山隊を出すのは無理でも、各大学の意欲のある若手を集めれば、強力な登山隊になる。日本山岳会青年部は大学の垣根を越えて若手OBが交流する場になっていたが、それを海外登山隊にまで発展させ、しかも八〇〇〇メートル峰のなかで最も難しいとされているK2に向かう試みは、今から振り返ればとても画期的といえた。

K2登山略史

カラコルムのバルトロ氷河最奥、人里から遠く離れた場所にK2は聳えている。その存在が広く知られるようになったのは一八五六年にインド測量局がカラコルムの測量を始めた後である。山に名前はなく、通称のK2はカラコルムの測量番号2を意味している（K1はマッシャブルム、K3はブロード・ピーク）。一九五四年にイタリア隊が南東稜から初登頂し、日本人の登頂は重廣恒夫ら日本山岳協会隊の一九七七年で、それは初登頂から二三年の空白期間を経た第二登だった。

一九九六年の日本山岳会青年部の登山スタイルは極地法、ルートは南南東リブだった。極地法は確実性と安全性が比較的高いものの、そのぶん、時間がかかり、物資も必要で、その物資を運搬管理する労力が膨大になる。どちらかというと登山より、物資の運搬管理を含めた隊の運営のほうが難しい。その運営は、山本篤隊長の出身母体である明治大学山岳部が積み上げてきたヒマラヤ登山のノウハウが柱になっていた（と思う）。若かった私はその手法に「集団行動ではなく登山をしに来たのだ」と反撥を感じたが、今振り返ると、自意識の強い若者をまとめて登山するには、とても優れたシステムだったと思う。

大量登頂

Ｋ２には一般ルートがないと言われている。当時は南東稜が最もよく登られていたが、南東稜はベースキャンプから右へ回り込んだ奥にあるため、ベースキャンプから見えないというマイナス面があった。山本篤隊長ら登山隊の幹部が選んだ南南東リブは南東稜の南側に派生した尾根状の斜面で、ルートの全容がベースキャンプから確認でき、ルート工作の管理がしやすく、登る隊員も安心感があり、他の隊がいないため自分たちのペースで登山ができるというメリットずくめのラインだった（現在はその南南東リブがメジャールートになっている）。

体力のあるメンバーが揃っていたうえに、ラインは独占なので海外のクライマーに気兼ねすることも臆することもなく、ルート工作や荷上げは順調に進んだ。順調どころか各隊員の行動は、アタックメンバーに選ばれるためのアピール合戦の場となった。担当の荷物をいち早く所定のキャンプまで持ち上げて、自分が好調であることを示すのである。氷河上のベースキャンプは、周辺にヒドン・クレバスがあり、体調を整えるための散歩やジョギングは原則禁止で、ルート工作と荷上げ以外は、常にベースキャンプに留まっていなくてはならなかった。

リーダー陣の計画を上回る順調さで物資は各キャンプに配置され、予備の酸素ボンベまでアタックキャンプに上がり、好調を維持しているメンバーも多く、計画では一〇人だったアタック隊員(全隊員は一八人)を急遽、一次隊六人二次隊六人の一二人に増やした。

アタック態勢が整ったタイミングで、長い悪天周期がやってきて、隊の中がそわそわモヤモヤしたものの、好天期がやってきた。八月一二日に一次隊六人、一四日に二次隊六人がアタックに成功、一二人の登頂者を出した。

私が一次隊で登頂したとき、年齢が二六歳と一〇カ月ほどで、それはK2登頂者の最年少記録だった。K2の登山が難しく、それまで登頂者がすくなかった証左と言える。私は一〇九番目の登頂者と聞いた覚えがあるが正確な数字はわからない。私が登った三〇分ほどあとに、一学年下のメンバーが登ってきて、私のワールドレコードは三〇分で破られてしまった。さらに翌日、チリ隊の二四歳が登り、年下のメンバーの記録も約二四時間で更新された。われわれの登山隊は文字どおりケガひとつなく一二人の登頂者を出して登山を終えた。結果的には大学の山岳部が積み上げてきたノウハウが十全に機能し、大量登頂として花開いた大学山岳部の集大成的登山だったと言えるかもしれない。

ただその後は、大学山岳部を母体とした登山隊による極地法での海外登山は下火になっていき(散発的にはおこなわれた)、現在はK2を含むほぼすべての八〇〇〇メートル峰が商業登山の場に変わっている。すくなくともノーマルルートは遠征隊が自分たちだけで自分たちの登山をする場所ではなくなった。

一二人の登頂者は、三人が山岳ガイド、一人がプロ登山家、四人が登山以外の仕事に就きながら登山を続け、三人が山に逝った（二人がカンチェンジュンガ、一人が鹿島槍ヶ岳）。私は山岳雑誌の編集者として、登山業界の隅っこにへばりついて生きてきた。K２の登頂者になれたことは、登山者としての精神安定にも登山業界で生きていくことにもとても有効だった。

ひいき目に見れば、一九九六年のK２登山隊は、大学の山登り系のクラブの日本代表のようだった。後にも先にもあれほど馬力のあるメンバーが集まったパーティーは経験がない。そしていま振り返ると、大きな隊でジャイアンツを登る時代を締めくくる最後の登山隊であった。

第三章

肉体に向き合う

登山者のアスリートレベルは低いのか?

一月といえば雪山ではなくて駅伝になって長い。一九年連続で連合町会の代表として駅伝を走ってきた。当初は登山のトレーニングの一環程度だったのだが、だんだん地域の駅伝の奥深さに魅せられて、いまでは似非《えせ》アスリートのようになっている。

そもそも野生環境での活動に関しても、地理的な未知より、自分の身体的な未知のほうに興味があった。登山を志したのは探検的な要素以上に、自分に秘められた(はずの)可能性がいちばん発揮できそうなフィールドが、野生環境だと予想したためだ。実際、山登りは行為や文化として奥深く、身体能力も適度に必要なので、私の理想に合致し、若いころはずいぶんのめり込んだ。

版元から「営業のため」と頼まれてはじめたツイッターに「登山者はアスリートレベルが低いのでは?」という質問がきた。これは私も長年考えてきた命題のひとつである。

高校入学時、入部する部活に悩んでいた私に、兄が声をかけてきた。候補にしていたのは、中学時代にやっていたハンドボール部、そしてなんとなく憧れを抱いていた柔道部と山岳部だった。その三つを挙げると兄は「柔道は今からやっても遅い、山岳部はダサイ、もはやおまえはハンドしかできない」と呪いのような言葉を吐いた。ちなみに兄は同じ高校でハンドボール部に所属し、部員がすくなくて困っていた。

結局、私はハンドボール部で高校生活を過ごした。柔道部はともかく、山岳部は兄が断言したとおり文化部のようで運動音痴、頭でっかちでダサかった（当時です。今は格好いいです）。

高校生活で球技の才能が乏しいことに気がつき、大学に入って念願の山登りをはじめたものの、最初は縦走登山ばかりだった。中高年ハイカーと同じ道を大きな荷物を背負って歩きながら、「やりたいことはこれではない」と思っていた。年寄りでもできることを、負荷を大きくしてやるだけでは、自分の可能性には繋がらない。

夏休みになってようやく、東北の藪尾根を歩く夏合宿があり、誰にもできないことをして「自分に何ができるのか」に近づいている気分が味わえた。藪こぎなんて、誰もやりたがらないだけ、ということには気がついていなかった。

しかしながら藪尾根を一週間程度歩くだけなら、ある程度の準備と体力があれば、意欲的ではない仲間や山慣れしていない低学年部員でもできる。私は、彼らより自分の身体能力が優っていることに優越感を抱きつつも、自分のやっている活動が一般的な大学生ならだれでもできる程度のことであることにジレンマを感じていた。

登山とはスポーツ音痴でもできるのだろうか。

K2登山に参加することになり、訓練で隊員たちと一緒に富士山に登ったときには、私より強い隊員がすくなくとも三人いた。これは驚きだった。だがその三人はアスリートという感じではなく、どちらかと言うと鈍臭く、心肺機能が強くてケツの筋肉が大きいだけだった。

三浦雄一郎さんが七〇歳でエヴェレストに登った（七五、八〇歳でも登頂）。三浦さんがすごい七〇歳だったことは間違いない。だがそれでも、オリンピックやプロスポーツの舞台に七〇歳の選手が出てくることはない。

やはり登山行為には、アスリートとしての高いレベルは必要ないのだろうか？

そうではない（と思う）。プロスポーツと登山を比べるとき、エヴェレストが俎上にあがることに落とし穴がある。最高峰の登山は最高難度だろうと思うのは大間違いで、現在のエヴェレストはノーマルルートを登るなら、問題となるのは標高が高いことと費用が高いことだけだ。ハイレベルな登山能力は必要ない。酸素ボンベを使用して、気象条件のよいエヴェレストのノーマルルートを登ることを、やや強引にフルマラソンに置き換えるなら、五時間くらいで完走するレベルだと私は見積もっている。

それではトップレベルの登山とは？　となれば言うまでもなく、ヒマラヤの高峰をアルパインスタイルで登ることになる。二〇一八年にピオレ・ドール賞を受賞した平出和也※は、陸上競技の推薦で大学に進学し、登山に鞍替えした変わり種？で、すくなくとも一流アスリート予備軍だったことがうかがえる。佐藤裕介がおこなっているクライミングや登山は先鋭すぎて理解しにくいが、甲斐駒ヶ岳のスーパー赤蜘蛛フリーソロや瑞牆山《みずがきやま》での継続クライミングは、他のスポーツの一流アスリートを連れてきてもできないだろう。

通常のスポーツはトップレベルがわかりやすいうえに目立つのに、登山ではトップレベルがわかりにくいうえに、トップレベルではない登山が目立つため理解されない。というか誤解されている。レクリエーションで山を楽しむ登山者も、表現として突き詰める登山者も、同じフィールドで同時に活動するので、ごっちゃに捉えられてしまうという面もある。

高い身体能力ではなく、発想や山を見る目で成果を出せるのが山登りの魅力でもある。身体的、技術的に高いレベルでなくても、ライン取りやスタイル、規模などで、ハッとさせられるおもしろい登山はたしかにある。だが、結局は登山も身体表現なので、身体能力が高いほうが、活動レベルも高くなる、と私は思っている。

※二〇二四年七月、K2の西壁に挑み、帰らぬ人となった。

サイドブレーキが掛かったまま登ってませんか？

ランニングはいま、登山以上にブームらしい。私も登山のために長年ランニングをしてきたが、近年、ランニングが「陸上」に格上げされた。競技会出場のために登山の誘いを断ってしまうのはもちろん、陸上の練習メニューを消化するために仕事や冠婚葬祭まで犠牲にすることもある。

子どものころから駆けっこは速いほうだった。おじさんになった今では、全日本という冠が付く大会で一等賞になったりする。他人より優れていることは価値があるという文部省（当時）の教育とスポ根マンガに長年かけてすっかり洗脳されている。だから「勝てるかもしれない」という予感に興奮して、夢中になってしまう。だが、ほんとうの意味で速いわけではないことはわかっているつもりだ。

四〇歳以上、もしくは壮年の部というカテゴリーがミソである。私のベストタイムは高校生なら県予選にもまわれない。全日本中学陸上参加標準記録もほど遠い。専門にしているのは八〇〇メートル（ベストは二分五秒〇三、四二歳時）だが、同年齢の男性全員（約九二万人）から一〇〇〇人くらい選りすぐり、半年間専門のトレーニングを施したら、私より速く走る人間は、おそらく二桁以上でてくると思う。ようするに私の優勝は「偽《ニセ》」である。なのに私は金メダルを手にして喜んでいる。そして考える。ニセと金メダルのあいだに「才能」といわれるものが挟まっているとしたら、それはいったいなんなのか。

①四〇歳を過ぎて「全力ダッシュ」できる人は驚くほどすくない。②高校生のころとくらべて私はなぜか走るのが遅くなっていない。③八〇〇メートル走は人気がない。④負けず嫌い。おそらくこの四つが私がときに「なんちゃって日本一」になれる理由と分析している。

才能が「天から授かったもの」だとしたら、才能と言えるのは④の「負けず嫌い」だけだ。あとは人生の成り行きでたまたま身に起こったことである。登山を続けていれば肥満にはならないので、とりあえず走ることはできる。フリークライミングにひとときのめり込み、体幹が鍛えられたため故障がすくない。荷物を背負って坂道を上り下りする運動（登山）が、中距離走に向いていた。出世や年収アップに興味がなく、仕事に人生を削られていない（これは超天才的）。

真の意味で人より速く走るのに必要な天分と私が考えるのは以下である。速筋と遅筋のバランスが良く、筋肉量が適度に多い。関節が適度に柔らかい。身体のサイズと筋肉のバランスが良い。脳の指令を筋肉に伝えて、充分に具現化できる程度に運動神経が良い。心肺機能が適度に強い。

必要十分に健康であるというのが前提だが、四〇歳以上の陸上で一等賞を取るレベルなら、速く走る天賦の才能は必要ない。人より優れた面はなくても、身体能力を落とさず、かつ、自分がそのとき持っている能力を最大限発揮することで、すくなくとも私は一等賞になってきた。

だから、河川敷を走っているランナーを見るとついつい私は呼び止めたくなる。多くの人が自分の持っている筋力や心肺機能を発揮しきれていないからだ。中には、車で例えるなら、常にサイドブレーキが掛かったまま走っている人もいる。もしくはギアが合っていない。それぞれのタイヤが明後日の方向を向いている。

簡単にいえばフォームが悪いのだが、それをうまく説明できず「もっと効率よく走ろうよ」と周辺のランナーに提案する。だが私はギラギラの禁欲ランナーだと思われているため、「楽しく走りたいだけですから」と諭される。「ゆっくり走るのが気持ちがいいんで」と。

有酸素運動をして気持ちよくなりたいならエアロビクスをしたほうがいい。走る気持ちよさとは、もっている力を最大限発揮したときに感じることができるものだ。

偏狭に聞こえるかもしれないが、だまされたと思って私の話を聞いてほしい。一生懸命走っているつもりなのに、それは本人の感覚だけで、エネルギーを無駄に使っているとしたらもったいない。

まず、走るとはなにかを考えたい。走るとは、器具を使わずに自分という物体を速く移動させる運動だ。目的の地点までより短時間で到着する身体的努力の積み重ねが、走ることである。

物体を移動させるというイメージをもつことで、いろいろなことがクリアになる。台車に荷物を積み上げて運ぶとき、荷物が固定されていないと、ぐらぐら揺れる。その揺れを抑えようとするとよけいなエネルギーを使う。荷物を固定して、揺らさずにまっすぐ進めば、よりすくないエネルギーでスムーズに運ぶことができる。

それが陸上用語でいう「軸」だ（と私は理解している）。ようするに身体の動きがすべて無駄なく前進に向かうことである。大きな筋肉（背筋、大臀筋）を有効に使い、前方に向かっていない動きをできるだけすくなくしたのが、現代の最新フォームだと考えて差し支えない（と思う）。具体的には、腕を畳んで同じ軌道で大きく振り、骨盤をやや前傾させて、背筋を伸ばし、肩甲骨を寄せる（胸を張る）。上半身をぶれさせないようにお腹と腰にクッと力を入れておく。楽な姿勢で走るほうが疲れないと思っている人が多いが、それは間違いである。楽な姿勢は力が抜けて上半身が揺れるため、ブレの修正に無駄な力学エネルギーを使っている。すこしお腹に力を入れて、上半身が揺れないようにしたほうがじつは疲れない。速く走るフォームとはすこし窮屈な姿勢なのだ。

あなたはおそらく、まだもっている才能を発揮していない。

走るフォームに関する考えは登山にも応用できるので、次項以降で考えたい。

自分という装置を客観視することで見えてくる……かも

朝の通勤ラッシュというのはいろいろ考えさせられる現象である※。自分がラッシュに巻き込まれている細かい理由は、一つ一つ納得できるのに、実際に電車に詰め込まれている自分の状況は納得できない。思考の先で行き着くのは「ラッシュ時に通勤する企業に所属していないと生きていけない甲斐性なし」というマイナスの結論だが、電車に乗っている全員が、ほんとうに甲斐性なしとは思えない。

改善しようにもできないか、じつはみんなラッシュが好きなのか。混雑が嫌ならそこに自分がいなければよい。そうすれば私もハッピーだし、私が乗る武蔵小杉駅八時三二分発君津行きの先頭車両の乗客もひとり分のスペースだけハッピーになれる。複数のハッピーが生ずるとわかっていてもみんな電車に乗っている。ほんとうにここまでして、みんなで東京に行かなくてはならないのか？

月刊誌である『岳人』のサイクルは月ごとなので、曜日はあまり関係ない。だからできるだけ土曜日に出社して、平日出勤を避けるというのが、ささやかなラッシュ対策である。家族と過ごす時間が減るのが残念だが、通勤ラッシュの疲弊感はそれ以上だ。土曜日は出社している社員がすくないので、ほのぼのしていて作業能率も高い。二〇一六年の八月二〇日の土曜日も出社した。その日はここ数年でもっとも素晴らしい一日だった。

一〇時三〇分にそっとテレビをつけた。四継（リオオリンピック四×一〇〇メートルリレー）の決勝だったからである。岳人編集部が新聞社にあったころは、同じフロアで複数のテレビがつけっぱなしになっていたが、モンベルではそんなことはありえない。だから、ボリュームを一まで落とした。

ケンブリッジ飛鳥選手がゴールした瞬間、私は「来たー」と叫びながら、オフィスを走っていた。最近飼いはじめた犬（ナツ）が、嬉しいことがあると走り回る。人間も同じらしい。

日本人が短距離種目で世界のトップに伍する成績を残せるというのは、陸上競技をおこなうすべての日本人にとって、これ以上ないほどの福音である。自分たちのやっていることがしょせん二流以下のお遊びなのか、世界のトップと繋がっているのかは、競技に取り組む心持ちを大きく変えてくれる。巷《ちまた》の陸上愛好家と世界のトップ選手と関係あるかないかは深く考えてはいけない。モンゴロイドプラスアルファだって速く走れるんだぜという結果にただ素直であればいい。

前項で、力みのない「楽」な姿勢ではなく、すこし腹筋と背筋に力を入れて、骨盤を前傾させるのがじつはもっとも効率よく（もっとも速く）走るフォームであると話した。

陸上競技の世界では、人を「装置」と捉え、その装置をもっとも効率よく目的地に到達させるにはどうするかという観点からタイムアップを図ることがある。人間の走行とは、筋細胞のひとつひとつが収縮と弛緩をくり返しながら連動する運動である。自動車のように発動系と駆動系が別々の仕事をするカラクリとは違い、伸縮をくり返す筋肉そのものがそのまま本体でもあるというところがミソである。ピクピク動く小さな肉片が集まって、目的をもった運動をする肉体になっている。それが生き物であり、生きることだと言ってもいいかもしれない。

腹筋と背筋にすこし力を入れると身体のブレがすくなくなり、身体がブレなければ、それを修正するための力も必要なくなる。二足走行中にどうしても発生してしまうミクロな蛇行を極力減らそうとする考え方が、陸上用語でいう「軸」である。骨盤を前傾させると、太い筋肉（背筋、腹筋、大臀筋）を連動させやすくなる。太い筋肉ほど強力で疲れにくいので、強く地面を蹴り続けることができる。

パーツごとの強化ではなく、使い方の問題である。パーツの性能を上げなくても動きと連動をスムーズにすることで「走る」のは速くなる。感情や思い込みは余計な力《りき》みを生み出し、概してパフォーマンスの邪魔になる。自分の身体をいったんバラバラに分解し、装置と捉えて、組み直してみることは、走ることに関して自分の肉体と動きを客観的かつ冷静に分析することに他ならない。

この視点は登山にも応用できる、というか、登山でもある程度以上のレベルになると、自分の肉体と意志を分離させて、登山全体を見渡さなければ、成功はおぼつかない。自分という肉体（装置）をいかに山頂まで運び上げ、いかに下ろしてくるか、という視点から自分の登山を検証するのだ。そうすることで自分と自分の登山を客観的に分析し、細部を組み立て直すことができる。

骨と筋肉と内臓と神経を、皮膚という容れ物に秩序をもって詰め込んだ自分という存在とそれを動かす燃料である食料で、自分がやろうとしている対象にこと足りているのか。登山の場合はまず、ラインを微分して、局所的に予想される困難を克服できるか一つ一つ考える。自分がもっている技術ではどうしても乗り越えられない難所がありそうな場合は、ラインの変更や迂回を検討しなくてはならない。条件が揃えばおおよその難所は越えられそうだと思えたら、それらを積分して、全体を積み上げて繋がるかを考える。挑もうとしている計画が困難であればあるほど、上手く積み上げることができずに、胃が痛くなってくる。だが、条件が揃ったうえに、集中しないと繋がらないくらいのラインでないと、おもしろみがない。

感情を排して、できるかできないかだけ微分して積分するのは、陸上や登山だけではなく、生活、ひいては自分自身の存在そのものにも関わっている。自分とはいったいどういう存在で、ほんとうのところなにをしたいのかを客観的に考えないで、充実した人生を過ごすことはできないからだ。

自分と向き合うのは怖い。自分のダメさ加減をとことん知ることになるからだ。だが自分の能力を最大限発揮しようと思ったら、やはり自己分析から始めるしか方策はない。

というわけで、私が仕事中にテレビを観て、叫びながら走り回ったことも、仕事の一環として正当化される……だろうか。

※私は二〇一四年の七月からコロナ禍まで、モンベルの社員としてずっと通勤ラッシュに参加していました。

装置として少しずつダメになる自分をいつあきらめるか

右膝が痛い。走り過ぎだと思う。年始の恒例行事である駅伝のために練習量を増やしたら痛くなり、減らしたら少し痛みが引き、増やしたら……というのをくり返し、本番の駅伝でも振るわなかった。

それからトレーニングを控えてきた。今では安静時は痛くないし、生活には不自由がないほど足も曲がる。山歩きも問題ない。だが、最後の鈍痛がなくならない。走り出したらふたたび痛くなるのは目に見えている。

近所に評判の治療院があった。ホームページにはスポーツ選手やお年寄りの「治った」という手記が並び、院長をゴッドハンドと形容する言葉も見える。とくに膝は専門のようだ。

予約の電話をかけると「紹介がない場合、診察は一年以上先になります」という。「分院ならすぐに診察可能です」と続いた。

「じゃ、分院でお願いします」と現代的なビルの一室にある綺麗な治療院に行った。ゴッドハンドの弟子が待っていた。

「痛みには三つあります。一つは患部の痛み。二つ目は筋膜などのバランスの乱れ。そして最後が脳が思い込んでしまっているもの。今日の治療で痛みが出るかもしれませんが、それは治癒への段階です。回復したときを超回復といい、そのタイミングで治療を重ねることで高い効果が出ます」

正直なところ、ちょっと胡散臭い、と感じた。

「また走れるようになるので、頑張っていきましょう」と先方は明るい。

そのあと、頭に鍼をさしたまま、マッサージしたり、電気で温熱を当てたり、膝をぐりぐり回したりした。そのたびに屈伸して、痛みがどうなったかを聞かれるのだが、たいした違いはなかった。どうも、そもそも魔法が効く人間かを、探られている感じがした。

「今日はこれで終わりますが、質問はありますか？」とゴッドハンドの弟子に聞かれた。

「現状で痛みの原因をなんだと思いますか？」と私は聞いた。原因を知りたいというのは最初の問診票にも書いたことだ。

「複合的なものだと思いますが、筋肉のバランスの乱れです」とスネから大腿四頭筋を包むように指した。

「自分でできるストレッチやマッサージはありますか？」

「セルフケアに関しては、治療を続けながらいっしょに考えていきましょう」

七〇〇〇円を払って治療院をあとにした。まったくすっきりせず、逆に治療院で体験したことをなんども思い返して、いやな気分が広がっていった。

サイモン・シンの『代替医療解剖』を読んで、「鍼灸治療はプラセボ効果を期待した治療である」と私は理解している。じつは現代医療もほぼ半分がプラセボだという。簡単にいえば気のもちようということだ。自然治癒となんらかの作用（治療）がタイミングよく重なった場合、人はその偶然に意味付けをする。漢方薬も成分が同じなら高価なほうが効くし、処置も装置が派手なほうが治る。

プラセボが悪いとは思わない。治らない現代医療より、治る迷信のほうが治療としては優れている。だが、今回の私の膝の痛みは、今日受けた儀式ではダメだ。一年先まで予約できないというこけおどしも無用。整体治療らしく、考えられる原因と筋や筋肉の関係を正面から解説してほしかった。弟子と師匠は違うのかもしれないが、この程度でゴッドハンドと呼ばれ、人気の治療院になるのかと思うと、なんだか情けなくなる。

仕事が入ったと嘘をついて、次回の予約をキャンセルし、今度はスポーツ整形外科がある大きな病院に行った。こちらの予約はすぐに取れたが、病院で二時間以上待たされた。

その待ち時間に考えた。考えれば考えるほど自分がなぜ病院にいるのかわからなくなってきた。半月板に傷が入っていて、動かしすぎると炎症を起こすのだと私は推測している。だとしても登山をやめることはできない。今の私にとって登山をやめるとは、別の人生を歩むのと同じだからだ。陸上はやめられる。本気の駆けっこに挑めないのは不本意だが、もう、膝がそれに耐えられないなら仕方がない。そこまで自分の中で結論が出ているのに、現代医療で原因を突き止めて、意味があるだろうか?

番号を呼ばれ処置室に入った。ドクターと少し話し、レントゲンを撮った。特殊なレントゲン撮影と、足を複雑に回しながらの触診でおおよそ原因が分かるらしい。画像を見たドクターは、私の年齢にしては、軟骨や半月板がそれほど摩耗しているわけではないといった。

「レントゲンでは見えない半月板の傷、もしくは、こういった……」と言いながら、ボールペンで画面を指し、「骨の角の突起が神経を刺激しているかですね」

「この突起は生まれつきのものですか？」

「いや、加齢による摩耗でできるものです。もっと知りたかったらＭＲＩを撮って、半月板の状態を診るしかない」

「仮に半月板に予想されるような傷があったとして、どうなるんですか」

「明らかによくない破片があって、除去すれば改善が望める場合は、内視鏡手術でとることができます。ただ悪化するリスクもある。そこまでの治療を望まないならば、トレーニングで筋肉を付けるくらいかな」

「筋肉を付ければよくなりますか」

「現在の統計では効果が期待できる対処法です。理由は明確にわかっていません。筋肉が膝をサポートするのかな」

「ストレッチはどうですか」

「膝が腫れないならたぶん効果が期待できます」

「アイシングや、温めるのは？」

「じつはアイシングには、現時点で医学的に効果があるという統計がありません」

簡潔明瞭だった。ひとつ問題があるとすれば、私の足はすでに筋肉むきむきという点だ。だがやることが決まれば、私は身体を壊すほど自分を追い込むことができる。その点に関してはプロだ。

そしていろいろやった。いやになるほどやった。そうしたら膝の別のところが痛くなった。

年老いたぶんだけ、私は死んでいるのだろう

初冬から年末は仕事や登山は二の次で、駅伝に向けた身体作りを最優先に生活が展開する。さながらひとり実業団である。忘年会に誘われても（「行くわけねーだろ」と心の中で叫びながら）丁重に断っている。飲み会は、練習計画を崩すだけでなく、身体能力を下げ、風邪を引く可能性を増やす。散財以上のマイナスである。

練習は「インターバルトレーニング」「長いジョグ」「休息と補強」の三つを一日ごとに回し、週末にタイムトライアルや負荷の高いメニューや登山をおこなう。

五年ほど前までは、ここまできっちり練習しなくても、四〇歳以上の部では無敵だった。「加齢による身体能力の低下がすくない」という遺伝子があるなら、私はそれをもっている。だがアラフィフになったいまは、四〇歳に成り立てほやほやの若造に、優勝をもって行かれるようになった。

哲学者で、山歩きを好んだ池田晶子（故人）は「アンチエイジングに意味はない」と言った。重ねた年齢を否定することは、現在の自分を否定することに他ならない、と考えたゆえである。

池田哲学は好きだし、いわんとしていることはそのとおりだと思うが、私はアンチエイジングの努力をしている。登山とは身体表現であり、できるだけ登山で自己表現を続けたいという個人的な事情があるためだ。自分の体がイメージどおり動かないと、山に入るのが怖くなってしまう。

加齢による能力の低下を意識せずにいられないのは、陸上がタイムという数値で身体的劣化を突きつけてくるためかもしれない。身体能力が落ちたぶん、自分は死に近づいていると意識する。もしくは体力が落ちたぶんだけ「死んだ」ということさえできるかもしれない。

同級生が集まれば、ほぼ全員老眼。一部はちょっと太っていて、多少血圧が高く、糖尿の気がある者もいる。

突然自分が、そんな太った友人と同じ身体状況になったら、おそらく真っ青になるだろう。脈拍は常に一〇〇くらい。風邪を引いたわけでもないのに、ちょっとした坂を登ったり、軽く走ったりしただけで息が切れる、となれば質の悪い病気にかかっているか、内臓の一部に機能障害があると考えられるからだ。ところが太っている友人は自分が病気だとは思っていない。

狩猟をやって、生き物の死に際に数多く立ち会ったため、そんなことをより考えるようになったのかもしれない。銃弾を受けた獣は、ぱったりと生理現象を止めるわけではない。「即死」というものは厳密には存在しない。脳を銃弾に破壊されても、心肺は自律神経で少しのあいだ動き続ける。のたうち回っている獣を見ると「まだ生きている」と考えるが、実際のところ、その獣の命は時間の問題だ。たとえ凄腕の医者を連れてきても、救うことは叶わず、死に向かって急激に落下しており、それを止める方法はない。カメやカエルなどの冬眠する生き物は、首を切り離しても、かなり長い時間動いている。だが同じく首を切ったカメを健康な状態に戻すことも不可能である。

それらの状況は、逃れようもなく死んでいるのだが、その死が完成していない、と表現したほうが正しい気がする。

一歩引いて、その「逃れようもなく死んでいる」状況と自分を比べて見ると、自分も約束された死に向かってすでに落ちはじめている、ことがわかる。若いときはぼちぼちやっていれば成長した。だが今は必死に落下を食い止めなくてはならない。撃たれた獣と私の違いは、急激に落ちているかゆっくり落ちているかだけで、誰も私の死を止めることはできない。

「病気とは何か」というのは哲学の古典的命題の一つである。健康の対義語は病気（不健康）ということになっている。生の対義語は死である。これを融合し、生＝健康と仮定すると、病気（不健康）は死ということになる。大目に見ても「死に向かう過程」だ。

自分が持っている身体能力を存分に発揮できる状態が健康だとすれば、肥満も運動不足も二日酔いも寝不足もすべて病気（不健康）である。老化はどうなのだろう。

脂が乗って、生き生きと生産的な活動をしていた時期を一〇〇とし、死をゼロと考えてみる。幼いころや若いころは「未来の一〇〇状態」に向かって登っており、命のベクトルは上向き（死から遠ざかる方向）だ。ところが盛りを過ぎるとベクトルは死に向かって下降していく。

「仕事の出来高」は、身体能力だけでなく、そこに知識と経験とハッタリを加えたものなので、多少老いてもなんとか一〇〇近いパフォーマンスを維持することができるかもしれない。

だが身体能力は違う。今がもし、バリバリだったころの九割だとしたら、自分はすでに一割死んでいるのではないか。

そんなことを考えつつ、私の周りにいる山仲間を見ると、自ら体力を落とすようなことを平気で重ねている。タバコ、酒、暴食、残業などなど、自らの死をすこしずつ加速させているようなものだ。だがそれらはけっして「悪」ではない。嗜好品には短期的な悦楽があるし、自堕落な消費活動は資本主義経済を支え、早死は人口過剰問題への個人的貢献になるのだから……。私より、よほど愛すべき、模範的な現代文明人である。

意識が自由に動かすことのできる肉体を失うということ

ＡＬＳ（筋萎縮性側索硬化症）という病気が進行中の杉田省吾が家に遊びにきた。

ＡＬＳとは、脳や末梢神経からの命令を筋肉に伝える運動神経細胞が冒されて機能しなくなる難病である。筋肉に指令が行かない→筋肉を動かせない→筋肉がやせ細る→呼吸がうまくできずに死ぬ、というのが大まかな進行で、通常発症して三年から五年で死に至る。

冒されるのは運動神経細胞だけで、知覚神経や自律神経に異常は出ない。五感、記憶、知性は健常なままであり、心臓や消化器官にも支障はない。意識と感覚があり新陳代謝もするが、動かない物体になっていく、ある意味では生き地獄だ。

そもそもは、大学時代のクラスメートでフォトグラファーの林健治がもち込んできた話だった。「ショーゴが発症前に山歩きをしていたこともあって、ブンショウに少々興味をもっているようだから、もし、時間があれば会ってやってくれないか」というのである。

その話を聞いた場に、大学時代の仲間が他にもおり、クールな一人は「難病になれば何でも願いが叶うのか？」と辛辣だった。「冥土の土産ってこと？」

クールな仲間と同じく私も、余命が短いとか、弱者だということを盾にして、権力のようなものをもつ存在には抵抗がある。そもそも「かわいそう」という安っぽい同情は本人がいちばんいやなのではないだろうか。

詳しく聞くと、健治の写真仲間のシンタロウがショーゴを題材に作品を撮っていて、ネタのひとつとして、私とショーゴの面会を望んでいるということだった。

難病の人を撮影して自己表現とは、見方によっては恥知らずだが、そんなことは自己分析したうえで、織り込み済みでやっているのだろう。

ＡＬＳを検索すると「この病気を多くの人に知ってもらいたい」という姿勢で、いろいろなホームページが開設されている。実際に病気の知名度を高めようという運動もあるようだし、さらにはその運動を批判する運動もあるらしい。

私はどちらかというと批判側だ。発症率〇・〇〇二パーセントの難病をみんなに知ってもらってなんの意味があるのだろう？　「優しさ」を強調したい人が、他人の命を使って自己主張しているだけなのではないのか。そもそも病気とは、根絶するべきものなのだろうか。それは世代交代という生き物が選んだ種の保存戦略に反してはいないか。人間も野生生物と同じように、ぼちぼち死んでいくくらいが「健康」なのだ。

ゆっくり死に向かっている人間にそのあたりの本音を聞いてみるのもいいかもしれない。

というわけでショーゴが家にやってきた。「弱者ゆえの権力者」ではないことは人相からすぐ見て取れた。発音する筋肉もうまく動かなくなっているようで、聞き取りにくいのがもどかしい。だが、ほんとうにもどかしいのはショーゴのほうだろう。

呼吸とは意識と無意識の中間にある運動である。だからＡＬＳに罹った人は一つの大きな決断を迫られる。人工呼吸器を付けるか付けないかである。

付けなければ、近い将来、呼吸筋麻痺に陥り死ぬことになる。付ければ逆に、死ぬに死ねない。今の日本の法律では呼吸器を他人がはずすことはできないからだ。身体が動かせないショーゴが人工呼吸器を付けたら、たとえどんなに死を望んでも、機械に繋がれたまま、わが家に集まった面々より長生きしてしまう可能性だってある。

「人工呼吸器を拒否するＡＬＳの患者も多いんですよ」とシンタロウが言った。

「それら、ろしよりら」とショーゴが言う。それは年寄りだ、である。ショーゴはＡＬＳであることを告知されたとき、人工呼吸器など付けずに、そっと世の中から消えようと考えていたらしい。だが今は、悩んでいるという。

難病指定された病気は医療費がかからない。ＡＬＳは臨床研究対象として年金が支給されるので生活もできる。難病の人にできるだけ生きてもらうというのが国の方針なら、難病であることは仕事と考えることもできる。ショーゴのおかげで医療関係の経済がまわるからだ。

「ブンショウなら呼吸器どうする？」

ショーゴ、渾身の質問である。

「オレなら付けない」

即答したものの、心の中はぐちゃぐちゃだった。もし自分がＡＬＳを発症し、呼吸不全までの時間が残されていないとしてもそんなことが言えるのか。自分の子どもが発症しても呼吸器を拒否できるのか。原発事故後の停電騒ぎで、生命維持装置を付けた患者の存在がクローズアップされた。電気がないと生きられない人というのは、生きているといえるのだろうか？

日頃から、生き物とは身体的な存在であると考えて、イメージどおり身体が動くようにトレーニングを重ねている。まったく動けないまま感覚と意識だけある存在は、私の基礎哲学を根底から揺さぶっている。可笑しいのに笑えない、悲しいのに泣けない。発狂しそうなものだが、発狂さえ身体表現だとしたら、ＡＬＳは発狂もゆるされない。

「ＡＬＳになって悩める人は限られている。その状況を楽しむしかないよね」と付け加えた。だがそれはＡＬＳに限らず、すべての存在に当てはまる。われわれは自分以外の存在になることはできないからである。

※杉田省吾はこの会合（二〇一八年）ののちに人工呼吸器をつけて、現在もしぶとく生きている。

四七回目の誕生日とドライになった次男

一〇月後半の日曜日が誕生日だった。四七歳になった。最近「体力の衰えを感じませんか?」と、暗示にかけるかのようによく聞かれる。

日時を決めて用意する時間があれば、一定の距離を走るスピードはまだそれほど落ちていない。昨年の五月には一五〇〇メートル走で四五歳以上の横浜市記録を出した。高校三年生のときにスパイクなしで走ったタイムから四秒速いだけだが、それでも自己ベストである。

もちろん、そのためには昔より入念に準備をしなくてはならない。同じタイムで走るのに昔より準備に時間がかかるというのは、トータルすれば遅くなっているということである。レース後の疲労度も濃く、回復も遅くなった。しかも一日一本しか走れない。

そしてそれも過去の話になった。膝の調子が相変わらず悪いためだ。山を歩くぶんには問題ないのだが、身体をレース用に仕上げようと走り込むと腫れてしまう。身体を追い込んで作りあげることができないと、体力はどんどん落ちていく気がする。誰にもできないことをやってやるという気概もすくなくなった。

二七歳のころには、五〇絡みのオヤジが登れるところなんか全部登れると思っていた。実際に二七歳の自分をいま連れてきても、いまの私にできて、二〇年前の私にできないことはなさそうだ。すぐなくとも私が人生の坂道を下りはじめていることは間違いない。

そんな四七歳の誕生日に事件があった。次男が入院したのである。はやりのノド風邪をひき、一〇年振りに幼いころの喘息の発作が起きた。

子どもを得るということは、子どもを失うリスクも得るということである。命なのだからあたりまえだ。自分の子どもは絶対健やかに育つなどという保障はない。出産に関しても、産まれる前から無事産まれるものとして、必要以上に期待したり、用意したりしている人を見ると、人ごとながら怖くなる。だが、無事産まれたらめっけ物くらいに考えるように伝えるのも難しい。

子どもは死ぬかもしれないし、その覚悟をもつことが親になるということだと思っている。実際に幼い次男が喘息になったときは、一〇〇年前だったり、僻地だったりしたら死んでいるなと思って眺めていた。現代医療のおかげで、私は息子の死を体験せずにすんだ。

「身を削がれる思い」という言い回しがあるが、自分の子が死ぬというのは、まさに自分の身体の一部を魂ごと持っていかれるようなものだと想像する。それでももしそうなったら受け入れざるを得ないというのが、命のおもしろいところだ。「体験」とは純粋なもので、好き嫌いの分類はできても、善い悪いという評価は当てはまらない。

命がなんで存在するのか、科学はその解答に未だ到達していない。神様は信じていない。般若心経の前半は好きだが、後半は嫌いである（マントラ頼みなんてまっぴら）。ようするに「命の存在理由」はわからない。命がなぜ存在するかわからなければ、命に関して何が善くて何が悪いかという評価を下す立ち位置もない。

だが、そうは言っても、人は感情を持つ肉体的存在として現にこの世に存在している。だから大多数の人々は「実生活」や「宗教」など（法律やマナーや道徳観念などの人間的ルールや個人的世界観）を基準に善悪を判断する。そのとき死は悪いこととされることが多い。

ところが（まともな）登山者は、自分が評価する山仲間があっさり山で死んだり、自分も紙一重で死ぬところだったりという体験をもっている。自分たちが価値があると信じ、リスクを受け入れて挑戦した「これらの結果」が、社会一般から「死んだら終わり」とか場合によっては「バカ」などと評価される。私には、山で死んでいった仲間の生き様や死にかけた自分の体験が、世間の平凡な暮らしより輝いて見えるので、世間一般の人生観を疑わざるをえない。

私も死なないように努力はしているし、死にたくはないとも思っている。それでも時に死は自分の願望を超えてやってくる。そんな体験は「善悪」とは別次元のことなのだ。

喘息には水泳がいいと思い、次男にはスイミングスクールへ行くことを強要した。私が子どもに強要したのはおそらくこれだけだと思う。

そしてときどきねちねちと「おまえは現代医療がなければ死んでいた」と次男に言った。自分の力で生きるということをめざす私にとって、現代医療で自分の命をつなぐのはズルである。病気になったら自然治癒をめざし、ダメなら死ぬというのが理想だ。だが、たとえズルでも、やっぱり子どもには死んでほしくないし、自分も死にたくないというのが、理想を越えた現実である。

崇高な？理想は口先だけで、いつも現代医療を受け入れている。もちろん子どもに自力治癒を強要することもない。だったら黙っていればいいのに、やっぱりズルは格好わるい。「おまえはほんとうは死んでいるのだ」とは、本来自分に向ける言葉を次男に押し付けているのだと思う。

そういわれて次男はどう育ったかというと、ひねくれることなく、まっすぐ育った。ただ、命に関してはドライになった。とくに薄っぺらなヒューマニズムの悪臭を嗅ぎ付ける能力はかなり高い。そしていまはおそらく「くそう」と思いながら、点滴と酸素マスクとパルスオキシメーターに繋がれて、病院の天井を見つめているはずである。

第四章 サバイバルを表現する

蔵出し『サバイバル登山家』メイキング話

山野井さんと登山に行った。一緒に登るのは、はじめてである。

山野井さんといえば、われわれ世代の登山者にとってはスーパーヒーローだ。メスナーか山野井か、という感じである。はじめて挨拶したときのことも、まともに言葉を交わしたときのことも覚えている。挨拶は二二年前のK2登山の前、まともに言葉を交わしたのは、国際山岳年（二〇〇二年）のフォーラムでだった。妙なことを口走って呆れられないように緊張している私に対して「うん、服部君のやっていることはおもしろいんじゃない」と言ってもらった。

その言葉にすがるように、数年後に処女作『サバイバル登山家』を出版するにあたって、山野井さんに序文の執筆を頼んだ。山野井さんは「服部君がただの変人だと思われたらかわいそうだから」という温情から、（渋々）執筆してくれた。山野井さんが「服部はただの変人ではない」とわかってくれただけでも幸多い原稿である。そのなかで山野井さんが、理想の死に方に言及している。熊に食われて死ぬのもわるくない、というものだ。ご存知のように後年、山野井さんは熊に襲われて死にかけた。人生とはおもしろいものである。

という話はどこかに書いた気がする。最近、自分の書く原稿がどこかで書いた話の焼き直しになっていることが増えている。書かなくてはならない原稿はなぜかつぎからつぎへと出てくるのに、書くべき体験はなかなか増えない。よって同じ話を別の角度から書いたり、自分や家族の恥部を暴露することになる。もはや仕方がないのだろうか。

以下はどこにも書いていない蔵出し話である。正確には、微妙に生臭くて、どこにも書くことができなかった『サバイバル登山家』のメイキング話だ。

『サバイバル登山家』はみすず書房という超硬派で有名な版元から出版した。タイトルがタイトルだし、表紙も表紙なので、本を手にした人から「なんでみすずなの」とよく聞かれた。そこにはちょっとした人間関係の綾と、時代のちいさないたずらがあった。

そもそも、私に本を出さないかと最初に声をかけてくれたのは、『岳人』のライバル会社でもあるY社のKさんだった。

二〇〇〇年の年末から二〇〇一年の年始にかけておこなった黒部横断＋北薬師岳東稜の登攀が、登山としても山行記としてもかなりおもしろいと、自分なりに手応えがあった。その二年前から始めていたサバイバル登山においても、思想と実践両面で気づきや刺激がいくらかあり、これらの体験を報告したら一冊の本としておもしろくまとまるのではないかという予感をもちはじめていた。一方、『岳人』の編集長（当時）や編集部内における私の記事の評価はさっぱりで、書籍にまとめるなどという話はかけらもなく、文字表現に野望をもっていた私は不満と焦りを感じていた。

だから、本を出さないかとKさんが声をかけてくれたときは、嬉しかった。しかもKさんは「写真を載せない文字だけの本じゃなくては意味がない」と続けた。山岳写真家の梶山正さんや丸山剛さんと山行をともにし、それなりに刺激的な写真がたくさんあるのに、写真に頼らずに本を作るというのである。

「物書きは文字だけで勝負するんだ」とKさんは熱く語った。私は目を開かれる思いだった。社内では無視されている私の原稿の行く先について、Kさんが私以上に深く考えてくれているということにも単純に感動した（今思えば、私以外の書き手にも同じことを言っていたのだと思う）。

ただ、『岳人』の編集部員だった私が、ライバル会社から本を出すというのは、編集部内に物議を醸す裏切りであることは間違いなかった。

「Y社から本を出すなんて会社で言えませんよ」と尻込みする私にKさんは、外の版元というフィルターを通すことで作品の質は絶対に上がる、Y社から本を出すことで『岳人』の読者層も必ず広がるなどと、もっともらしいことを並べ、そもそも東京新聞（当時の『岳人』の母体）の書籍はどれもダサイと付け加えた。

私としても（そこそこ）知名度があるY社から本を出したいという思いはあったし、文字だけで勝負するというKさんの提案に大きく心を動かされていた。そもそもKさんは、一九九四年春の知床半島単独全山縦走の記録をY社の主幹雑誌に五頁で掲載し、『岳人』よりも先に私を見いだしてくれた恩人でもあった。べつだん『岳人』を裏切ることにはならないかもしれない……。

自分勝手な理屈で納得しても、Y社から本を出したいと『岳人』で言い出すことはできず、時間ばかりが過ぎていった。

切り出すきっかけを探していた私のところに『岳人』の編集長がやってきて、いきなり「そろそろ、服部君の書いてきたものを一冊の本にまとめてもいいんじゃないか」と言い放った。

先手を取られた形になり、言葉を失っている私に編集長は「写真をたくさんいれて、紀行文と合わせれば、格好いい本になるんじゃないか」と続けた。

それを聞いて腹が決まった私は、「じつはY社から単行本を出さないかという話をもらっていて、できればY社から出したいんですけど」と切り出した。それを聞いた編集長の顔色はあからさまに曇っていった。

日高山脈縦断

話の流れから「(ライバル社の)Y社から単行本を出したい」と社内で発表することになり、私は覚悟を決めて、自分が書いてきた山行記の中から、書籍にまとめて意味のある紀行文を選び出しはじめた。それらにサバイバル登山にいたるまでの人生のエピソードを書き足し、書籍の構成は、半生記、サバイバル登山、山の師和田城志との出会い、冬期黒部横断の記録というラインナップになった。

Y社のKさんに渡して数日、飲み屋で基本方針について話し合った。

「おもしろいけど、何かが足りない」

私も感じていたことをKさんはズバリ突いてきた。

「そうなんですよね」

足りないのはサバイバル登山の集大成ともいえる山行の記録だった。サバイバル登山の発想やハウツーが細かく具体的に書いてあるのに、それを具現化した登山の記録がちょっとしょぼいのだ。

「大きいサバイバル登山の計画はないの？」とKさんはこともなげに言った。

計画はあった。単独で夏の日高山脈を縦断するというものだった。だが私はそれを口に出して言ってしまうのが怖かった。だから努めて軽く言った。

「日高の全山なんかサバイバル登山でやればおもしろいんじゃないかと思うんですけど、ははは」

「じゃあそれだ。それやらなきゃダメでしょう」とKさんは言った。

行かない人は気楽でいい。死ねとやんわり言っているのと同じことに気がついていないのだ。

本の出版には、日高に行き、登山を成功させることと、その登山を原稿化することという条件がついてしまった。

日高の全山を歩き通すのには二〇日以上、予備日をあわせるとひと月の日程が必要だと見積もった。仕事場の理解を得たうえで、気持ちよく休暇をとり、晴れ晴れとして北海道に向かう……ということはできなかった。紆余曲折の末、私は岳人編集部員としての契約を切られ、うじうじした気持ちで日高に向かった。

救いは、契約を切られたと聞きつけたある編集者が「だったら帰ってきたらウチで一緒にやろうよ」と嬉しそうに声をかけてくれたことだった。後年、このときのことを感謝したら、「どうせ日高で死ぬだろうと思ってたから」と笑っていた。

山あり谷ありだったが、なんとか日高山脈を踏破し（くわしくは『サバイバル登山家』を読んでください）、それゆえおもしろいネタを手に帰京した私が会社に顔を出すと、出版部の部長と個室で面談になった。

「本来なら、一回契約を切って、再雇用ということは、給料が新入社員の初任給に戻るとまでは言わないが、ちょっと下がることになる」と部長は言った。「でもそれでは服部君の家庭の経済的な打撃が大きいので、ひと月前の続きということにしてあげる」

正直、私にはいろいろなことがよく理解できなかった。一部の編集部員が私をクビにすることに強固に反対した、とも聞かされた。もしかしたら書類上はひと月の無給休暇ということになっていて、契約解除というのは私にお灸を据えるための茶番劇だったのかもしれない。なんにせよもう過去のことなので私はどうでもよかった。

日高の登山記録は二回に分けて『岳人』に書いた。この登山をするために『岳人』との契約を切り、でも、無事終えて帰ってきたら、その山行記を『岳人』に発表する。原稿料は支払われず（当然、登山にかかった経費も支払われない）、執筆は『岳人』の仕事（給料）の一部だった。

少々複雑な思いはあったが、発表できる場があるだけましだと考えた。北海道の知り合いから、夏の日高全山を単独無補給で歩き通したのは初めてらしいという情報が舞い込んできた。書いてみた原稿も出版予定の本の核になってくれそうだった。そうして全体の構成が固まりつつあったが、肝心なタイトルにはこれというものがなかった。フリークライミング思想を、岩だけではなく、日本の山全体にあてはめたのがサバイバル登山である。だから私は『センス・オブ・フリーダム』というタイトルを第一候補に考えていた。

「それじゃ、『センス・オブ・ワンダー』のパクリだとしか思われない」とKさんはバッサリだった。「まあ、タイトルはゆっくり考えればいい」

出版不況はずっと続いていて、Y社もなかなか厳しいという噂が流れてきた。『岳人』としては商売敵なので、苦しいらしいと聞くと、しめしめという気持ちもあったが、自分の本を出そうとしている出版社だと思うと心配でもあった。

担当編集のKさんから突然呼び出された。重要な話と前置きされて聞かされたのは、巷《ちまた》のうわさどおりY社の経営状態があまりよろしくないという話だった。そして「悪いんだけど、進めている本をマイブックスというY社の自費出版レーベルで出させて欲しい」と続いた。売れるかどうかわからない妙な山行記を単行本として出す体力はない、と営業部が判断したという。

自分の本を出版したいと思う一方で、自分の書く物が、世に出すほどの価値をもつのかどうか悩んできた。自分の登山記録を本にまとめて「どーだ」と世に出すのは、悪くいえば「恥知らず」、よくても自意識過剰の「痛いヤツ」である。それでも価値があると本人も版元も判断するから出版は成立する。自費出版とは版元が金銭面のリスクを負わないということだ。それは、版元が表現作品として成立していると評価していないということである。そんな本を世に出すわけにはいかない。

「自費出版はいやです」と私はしぼり出すように答えて、「原稿は引き上げます」と私は続けた。

行き場のない原稿

『サバイバル登山家』というタイトルは、Y社から自費出版への変更を提案される前に考えついていた。朝の通勤で鶴見川沿いを走っていて、空から降ってきたのだ。

朝の土手の自転車走行は、私の発想の根源である。おもしろそうな登山ルートや雑誌の企画、小説のプロットなどが、自転車を漕いでいると、ときどき空から突然降ってくる。原稿がひと段落まるまる降ってくることもあり、そんなときは自転車を停めて、裏紙などにメモをする。よく降ってくる場所が二カ所ほどあるので、もしかしたらそこはパワースポットなのかもしれない。

本がめでたく世に出たあと、なんでサバイバル登山ではなくてサバイバル登山家なのか？　と数人に質問された。サバイバル登山という言葉は、自分の登山を『岳人』で発表しはじめたときから使っていた。そこに「家」が付くからこそ、おもしろいタイトルになると私は感じたのだが、そうは思わない人もいるらしい。

さて、Y社からの自費出版の提案を蹴って、原稿を引き上げたものの、他に本を出してくれそうな版元にあてはなかった。いちおう、東京新聞の出版部の部長には、Y社が経営難で私の本の出版はなくなりました、と報告した。

それを聞いた部長はとても嬉しそうだった。

「君ねえ、ウチで出すって提案を蹴ってY社に持って行って、そのY社がダメになったら、今度はもう一回ウチで出してくださいってのは、都合が良すぎないか？」

私は東京新聞で出してもらおうとは露ほども考えておらず、他の出版社に持ち込んで晴れて本になったときに、問題がややこしくならないように報告したに過ぎなかった。でも、出版部長はしてやったりという顔で満足そうにしていたので、何も言わなかった。幼いころからずっと、余計なことを口走って人生を損してきたが、このころには、黙っているというスキルがほんの少しだけ身についていた。

Y社以外で山岳書といえば最初に浮かぶのが白山書房だった。しかも私は白山書房で新卒後二年ほど働いていた。だが、私の天性の才能である「一言多い」が災いし、白山書房とはやや疎遠になっていた。白山書房を退社して『岳人』に移って数年したとき、『山の本』のメイン編集者で、私のことをかわいがってくれた石井光造さんに再会し、「生きてたんですか?」とつい口を滑らせてしまったのだ。石井さんはガラガラ声でタバコをすぱすぱ吸っており、肺ガンになってしまうのではないかと日頃から心配していた。だからあい変わらず元気な姿に接して、つい嬉しくて、先のセリフが口に出てしまったのだ。

もちろん石井さんにそんな想いは通じず、小さな出版社から老舗月刊誌の編集部に移って、かわいがってもらった恩を忘れ、上から目線で失礼なことを言うようになったと捉えられてしまった。

正直に告白すれば、ちいさな出版社から大手新聞社の月刊山岳雑誌に移り、登山業界の最前線にいるような気がして、のぼせ上がっていたところはあったと思う。何となく白山書房のほうから「服部は恩知らず」的なオーラが漂ってきているのを、白山書房に連絡しない自己弁護にしていたものの、本心では、Y社より格下の版元から出すようでは、私の本はその程度の価値しかないことになると思っていた。そんなことをした書籍は何一つ注目を集めることなく消え去り、私をコケにしたY社の鼻も、東京新聞の鼻も明かすことはできない。私の人生を左右する大博打（と最初の本の出版について思っていた）は空振りに終わり、死ぬまで凡人のままになる。

くすぶった状態でいるときに高桑信一さんが、山のエッセイを集めたアンソロジーを出すので参加しないかと声をかけてくれた。その版元が、お堅いことでは超一級のみすず書房で、担当の編集者が名門A布高校山岳部出身で沢登り好きの浜田優さんだった。

編集者としての浜田さんの狙いは、高桑さんや瀬畑雄三さん、柏瀬祐之さんなどと関係を構築し、原稿をもらうことにあったようだ。

その当時、私と仲間は瀬畑さんと年に一回だけ険谷遡行をともにしていた。そこに瀬畑さんが浜田さんを連れてきた。私のことはまったく書き手とは見ておらず、「ああ君がアンソロジーに参加してくれた服部君か」という感じだった。

朝日連峰の5級の沢を登るというのに、浜田さんは丹沢の日帰り登山のようなタイツに短パンという格好でやってきて、頑丈な作業着で身を固めたわれわれの中ではかなり浮いていた。予想どおり、タイツは遡行を開始してすぐにびりびりになり、いまどきの破れファッションになった。宿泊地に着いても、座ってタバコを吸っているだけで、何ひとつ共同の作業には手を出さない。

「ちょっと手伝いませんか」と水を向けると「日本を代表するような渓流のプロが集まっているのに、手を出すことなんかできないです」と返ってきた。後日私と街で飲んでいるときに「山のメシなんかインスタントラーメンでいいんだよ」と漏らしていたのだが、渓のなかでも、その思想が身体からにじみ出していて、一緒にいたメンバーは（やさしい瀬畑さんを除いて）、全員言葉を失っていた。

版元みすず書房

瀬畑雄三さんがテンカラ釣りと渓流全般の師匠、そして山岳カメラマンの丸山剛さんが兄弟子であり仕事仲間、みすず書房の浜田優さんはゲスト、他数名で朝日連峰の荒川に入った最初の晩である。焚き火を囲んだ夕食から、いつもの宴会になっていった。酔っぱらった丸山さんの定番は、将来の夢を語りあうことで、メーターが上がってきた丸山さんの口から「服部はどうすんだよ」という決まり文句が飛び出した。

そのどうするには、登山をどうするのか、釣りをどうするのか、『岳人』をどうするのか、人生をどうするのか、というすべてのどうするが含まれていた。なんらかの項目で私が夢を語ると、丸山さんは座りはじめた目で空間を見つめながら、とりあえず否定的な見解で探りを入れてくるのがパターンだった。それに刺激された私も、ついつい前のめりになって主張してしまい、「よし、そこまで服部が言うなら、オレも協力する」と丸山さんが宣言し、翌朝にはまったく話の内容を覚えていないというのが一連の流れである。

そのころ、気になっていたのはもちろん『サバイバル登山家（仮）』の行く末だった。自費出版を提案してきたY社から引き上げ、浮いたままになっていた単行本一冊分の原稿である。その場に浜田さんがいたので、私はみすず書房という版元を意識していた。規模はY社より小さいが、ステータスというか品行方正さは岩波書店並み、私は大学でフランス文学を専攻していたので、みすず書房にインテリの権化のような印象を抱いていた。『夜と霧』はもちろん、『辻まことの世界』（正・続）を出しているという点で、もうすごい。

登りたいラインや訪れたい渓はないのか、丸山さんに聞かれ、私はそれとなく「頓挫している山行記ですね」と口にした。丸山さんは酔っぱらっているにもかかわらず反射的に「そうだそうだ、あの原稿せっかくだから、浜田さんのところで出してもらえばいいじゃん」と言った。

なんてナイスな発言なんだ、と同時に、いきなり出版はないだろ、と心の中で突っ込みつつ、「引き取り手のない原稿がまるまる一冊分浮いているんですけど」と言って、そのいきさつをかいつまんで話した。

「そりゃ、浜田さんにぃ、頼んだほうがいいよぉ」と瀬畑さんも同調してくれた。

「もしよかったら読ませてもらいますよ」と本心にせよ、お愛想にせよ、浜田さんにはもうそう言うしか、選択肢はなかった。

翌日、翌々日と続いた朝日連峰荒川溯行が仲間意識を強めてくれた面もあり、宴会での約束につけ込むのは気が引けたが、そこはあえて考えないようにして、下山してすぐに私は浜田さんに原稿を送った。数日たっても音沙汰がないので、私から連絡してみると「まだ読んでない」と返ってきた。「いま校了作業中の本があって、あれだけのボリュームにちゃんと目を通すのはちょっと……」

やっぱり無理か、おもしろいと思うんだけど……、相手はみすず書房だしな、と落ち込んでいると、数日後に「あの原稿について、打ち合わせをしたい」と浜田さんから電話がかかってきた。

みすず書房に出むくと、浜田さんは渓の中とは少し違うキリッとした顔で、プリントアウトした原稿を机の上にどさっと置いた。

「おもしろかった。服部君がうちでいいなら、出版する方向で話を進めたい」

「編集会議もう通ったんですか？」

浜田さんは、誰にものを言っているんだという顔をした。

「私が提案すれば必ず通る。『サバイバル登山家』というタイトルもおもしろい。ただ、字が多いし、退屈なところがある」

そう言うと春の知床半島スキー縦走の前半部分と、半生記の中にある高校時代に女の子に振られたエピソード※1の十数頁にエンピツで大きく斜線を引いた。その他にも稚拙な言い回しや、不正確な描写、くどい部分、自分勝手な表現に印がついていた。

ふたたび書き直しの日々が始まった。身を切られるような思いだったカットされた部分も、削った状態の原稿を冷静に見るとスピード感が増していたし、他の指摘も的を射ていた。その後も続いた浜田さんとのやり取りは、当時の『岳人』では話題にならないような細かい語感に関するものもあり、知的な刺激に満ちていた。

同時にどんな表紙にするかの話も進んだ。浜田さんの要望は、サバイバル登山を象徴し、顔が見える写真だった。

サバイバル登山を一枚の写真で表現できるシーンをかなり考えて、イワナを捌《さば》いている瞬間に焦点をしぼった。渓流はとっくに禁漁期間に入っていたので、八ヶ岳に取材に行ったついでに、養魚場でイワナを買って捌いてみることにした。

一尾でよかったのだが、キロ単位だというので一キロ三尾買い、イワナが死なないうちにと、養魚場の裏の田圃《たんぼ》の畦《あぜ》で撮影を開始した。

すぐ撮れると思ったのだが、なかなかタイミングと顔が難しい。服がよれよれだとカメラマンの梶山正さんに言われ、同行していた若月武治君（故人）とシャツを取り替えた。

二〇〇枚以上撮った写真を、会社のマックで見ると、使える写真はほんの数枚だった※2。

※1　この部分は「小さな帝国」というフィクションの小品になって文春文庫『走る？』に収められています。
※2　私がニヤけてしまうためで梶山正さんの腕ではありません。

マタニティブルー

不遜ながら原稿を書くにあたって手本にしていた本がある。ティム・オブライエンの『本当の戦争の話をしよう』（文藝春秋）である。この本はエピソードを通して、その向こう側にある本質的な部分に迫っていた。私も自分の本を山行報告ではなく、文字表現にしたかった。

とはいえ、できあがった原稿は表面上は体験報告である。「どーだ、大変な登山をしてきたぞ」という自慢話であることは否めない。東海林さだおが「世界はドーダでできている」と看破しているが、当時の私はそこまで達観できなかった。自分の自慢話を印刷して、値段を付けて日本中の本屋で売るなんて、どれだけ恥知らずなんだと、出版を目前にして不安になった。

「やっぱりあの表紙はやめませんか」と私は表紙（カバー）の印刷直前に浜田さんに連絡した。自慢話にあの表紙では、ハットリは世の中をおちょくっていると解釈されても仕方がない。

「出版する直前には誰でも不安になるものだよ。ははははは」と浜田さんはまったく取り合ってくれなかった。

出すと言えば、出産や日々の生理現象である。たしかに直前にはちょっと不安になる。

おどおどと自信がなさそうにしている大道芸など見たくない。全力投球したなら、あとは覚悟を決めなくてはだめだ、と私は思った。もし読んで価値がないと思う人がいたら、自腹で返金すればいいだけだ※。

自信を持って売ろう。売れないかも、とか、恥ずかしいと思うなら最初から本など出版するべきではないのだ。私は積極的にみすず書房営業部と一緒に書店まわりまでした。こんな本を出すので、ぜひお店に置いてくださいと頼むのである。

「え？　なにこの本、みすずさん大丈夫ですか？」と『サバイバル登山家』の見本を見せられた書店員さんが弾けるように口にした。タイトルも表紙もどうしちゃったの、ということである。

「著者さんがそこに……」と営業のＩくんが言った。

「え？　先に言ってくださいよ。まいったなあ」と書店員さん。

「一見キワモノですが、内容はまじめでおもしろいので、ぜひお願いします」と私は動じなかった。

というより書店員さんが見せる「なんですかこれ」という反応を見るにつけ、この本は（そこそこ）売れるだろうという根拠のわからない自信を強めていった。

いよいよ本が書店に並ぶという段階になって、出版契約というものを取り交わすことになった。このタイミングで契約するのが出版業界の慣習らしい。

「印税は八パーセントだよ。一〇パーの時代はとうの昔に終わった」と浜田さんは言った。私もいちおう出版業界にいるので、そのくらいは知っていた。さらに編集や印刷のデータ作りなど経費がかさむのは初版だけで、重版以降は印刷代しかかからないことも知っていた。本がたくさん売れて重版したら、以降は版元がちょっと得をすることになる。

「重版以降は印税を上げるっていう契約はできないんですか」と私はおそるおそる聞いてみた。儲けはみんなで分けるほうがフェアだ。

「わはははは」と浜田さんは豪快に笑った。重版なんかすると本気で思っているの？という笑いだった。

「わはははは」と私も笑った。重版すると本気で思っていた。

「よし、重版以降は九パーセント、五〇〇〇部以降は一〇パーセントって契約で、かけ合ってみる」と言いながら、また笑った。浜田さんにとっては、かなりおもしろい冗談らしい。「ところで初版印税なんだけど、はじめて自分の本を出すときは、全部本にかえて、配るのが常識だよ」

常識、という言葉を使ったかどうかは、今でも浜田さんと私のあいだで食い違っている。ともかく、はじめての本の印税は、小遣いとは考えず、書き手人生への投資のつもりでバラ撒いてしまえ、ということだ。

「著者は八掛けで購入できるから……」と言いながら浜田さんは電卓を叩き、「送料を差し引くと二〇〇冊くらいだな」と言った。

「取次（本の問屋）には七割弱で卸すんでしょ？　二〇〇冊も買うんだから、それと同じにしてください よ（送料も著者負担なのに……）」

「二〇〇じゃ無理。一〇〇〇冊なら考える」

もはや悪徳商法だな、という感想が顔に出てしまったようだ。

「ウチはこうやって生き残ってきたんだ」と浜田さんが言った。

私はみすず書房の営業部に掛けてあったホワイトボードを思い出した。そこにはその月に発売される本と部数が書いてあり、なんと私の本の部数（三〇〇〇部）がいちばん多かった。

「これ大丈夫なんですか？」

行き先不明の私の本を、その月いちばんたくさん刷るという出版状況で経営が成り立つのかという問いである。

「ふふふふふ」と営業部長が不敵な笑みを浮かべながら言った。「その八〇〇部って本は八〇〇〇円。

定価二〇〇〇円の三二〇〇部と同じ、しかも買う人が事前に全員わかっているんだよ。ふふふふ」

※このシステムは現在でも有効です。私の本を購入して、価値がないとご立腹の方はモンベルの岳人編集部に現物をお送りください。送料と本の値段をお返しします。どの本でもいいですが初版本のみとさせていただきます。重版以降は世の中に価値が認められているとみなし、返金の対象にはいたしません。

その後の『サバイバル登山家』

『サバイバル登山家』は無事書店に並んだ。

近年は本の販売も生鮮食品のごとく回転が速い。つぎからつぎへと新刊が出版されるし、書店も売れる本をお店に置きたい。ただベストセラーだけではお客さんが来ないので、おもしろい本やひと目を引く本も（売れ行きがイマイチでも）置かなくてはならない。大型書店であれば本の種類の多さで客を呼べるが、それには維持管理費が嵩《かさ》む。この兼ね合いは書店の永遠のジレンマである。

初動（書店に並んですぐの売れ行き）が悪いと返本されてしまうので、発売開始直後にそこそこ売れて欲しい。だが買ってもらうにはまず、おもしろい本が書店に並んでいると、周知しなくてはならない。私は幼いころ、市沢団地ストアー（通称・団スト）という商店が集まった商業施設の一画にある本屋さんに、暇があると足を向けるのが習慣だった。今でもその施設の間取りと書店の本棚の位置は記憶している。ジャンプとサンデーとマガジンを発売日に立ち読みし、それが終わると『鉄道大百科』とか『頭の体操』などを延々めくっていたので、家族から「団ストの寄生虫」と呼ばれていた。

定期刊行物の発売にあわせて書店に行くという習慣が世の中からめっきり薄れ、平台に並んだ新刊本を見てときめく文化はなくなりつつある。新聞一面の下に掲載される「サンヤツ」という広告が掲載費ほどの効果が得られないと敬遠されだしたのは、私が白山書房にいた平成一桁のころである。本が出版されたことを世に知らしめてくれるのは日曜日の新聞に載る書評や出版社が出すPR誌くらい。大手出版社が「これで儲ける」と決めた本なら、ポスターや中吊り広告を出してくれるが、みすず書房では到底無理(ピケティでやりました)。みすず書房の営業部長はいちばん効く広告は、クチコミ、と言っていた。人のうわさとは恐ろしい。

売れ行きが気になって、私は毎日のように、編集担当の浜田さんに電話をかけた。ベストセラー作家の本が発売と同時に重版が決定するというのを、ニュースで聞いていたので、自分もそうなるのではないかと密かに期待していたのだ。

「ぼちぼち売れているみたいだけど、すぐに重版なんかなるわけないだろ」と浜田さんはあきれかえっていた。

回転の速くなった書店業界でも、山岳書というのはジャンルとして確定していて、けっこう長く棚に置いてもらえる。それでも一日でも早く書評に取り上げてくれ、と新聞に書評が出る日曜日が待ち遠しかった。私の親は旧安保世代なので、私にとっても新聞といえば朝日新聞のことだった。野球選手獲得方法の見苦しさから、読売新聞とはかなり距離を置いていた。

その読売新聞が発売一〇日後に、書影付きの書評を掲載してくれた。朝日新聞はかなり遅れて書影のない小評だった。親の影響と本多勝一の存在から見上げていた朝日新聞だったので、ちょっとさみしかった。

そのときから読売新聞とは縁があったのかもしれない。二〇一七、一八と二年間、読売新聞の読書委員会に加えてもらった。書評する側になってみて、発売一〇日で書評を出すというのがかなりアクロバティックな所業であることを知った。営業熱心な版元は、発売の一〇日ほど前にできあがってくる見本を大手新聞や週刊誌、書評家などに送付する。書店に並ぶのと同時では、書評が出るまでのタイムラグで返本されてしまう恐れがあるからだ。

『サバイバル登山家』はおそらく、書評する本を決める会議の直前という絶妙なタイミングで見本が読売新聞に届き、たまたま登山に興味のある委員の目に付いたのだと思う。私は読書委員在籍中、二年間で三二冊の本を書評したが、発売一〇日で紹介できた本は特別扱いの『劇場』だけだった。

読売新聞の書評のおかげか、発売二週間で重版という連絡がきた。電話口の浜田さんはハットリがいい気になるからこんなことを報告したくないんだけどねという感じだった。

もちろん私はいい気になった。書籍化の話から紆余曲折あったうえに、自分の本の内容に関して揺れ動いてきたので、重版という結論が出て、気持ちが解放された。だからだろう「これって、みすず書房の重版最速記録なんじゃないですか？」と口走っていた。

二〇一九年で『サバイバル登山家』の発売から一三年になる。文庫化の話は複数の出版社からいただいたが、提案してきたほぼすべての版元が「提案しておいてなんですが」と前置きして、「みすずさんが絶版にしないなら、文庫にはしないほうがいいと思います」と口を揃えた。そしてそのまま現在一六刷を数える。幸せな本である。ただ部数は二万を超えた程度である。

ときどき、ふと思う。もしY社から『サバイバル登山家』が出ていたら、私の人生はどうなっていたのだろう、と。

執筆時に一〇〇回以上読んだので、もう二度と読みたくない、と思っていた。最近、昔話の原稿を頼まれることがあり、ときどき読み返すことがある。そこには妙に私好みの話を伝える、私好みの文章が並んでいて、ついつい読みふけってしまう。そして「これが自分の本で良かった」と静かに胸を撫で下ろす。

どこまで脳内ドカッ晴れな奴なんだと思うだろう。だが、正直な告白である。

突っ込みどころ満載の「サバイバル」について

久しぶりにあからさまな悪意にぶつかった。というとちょっと大げさだが、私を人前でへこまそうと思っていたことは間違いない。

とある都道府県岳連の集会に招待されて、スライドを交えて話していたときのことである。そもそも人前で話をするというのは好きではない。そつなくこなすほうなので、「話が上手ですね」とお世辞を言われることもある。ラジオなどに呼ばれても、飲み屋の雑談のように平然としゃべるので、「緊張しないんですか」とスタッフから逆に聞かれることもある。

どちらかといえば苦手だが、プレッシャーはあまり感じない。ヤバい登山よりはよほど気楽だからだ。そして山と同じく、緊張してもパフォーマンスが上がることはないので、意識して肩の力を抜いている。そうする訓練は積んできた。緊張を抜くように集中するのである。しかも、人前で話すのは私の活動（表現行為）ではないから、話がおもしろくなくても、それに責任を感じることもない。

そうはいっても、私の話を聞いた人々が「時間の無駄だった」と思わないように少しは努力もしている。私との時間や出会いが有意義であれば、私も嬉しい。

スライドトークで写真のフォルダを取り替えていたちょっとした合間に「ここまでなにか質問はありますか」と、私は気軽に会場に声をかけた。サバイバル登山をはじめるまでの簡略化した半生記と、山でどんな食料が調達できるのかを話したところだった。

トークを盛り上げてくれる気の利いた質問というのは短い簡単な質問である。盛り下げるのは質問者の意見や報告だ。件《くだん》の「悪意」はもちろん後者のほうだった。

手を挙げた年配の男性が言った。

「あなたの行為のどこがサバイバルなのかわからない。釣り竿もお米も持っている。あなたのような登山は昔から多くの人がやっている。サバイバルと聞いて期待して来たのにがっかりした」

この手の質問というか意見に対する対処法は硬軟二通りある。硬く厳しいほうは「おもしろくなかったら、出て行ってもらってまったく構いません」というもの。私がどんなことをやっているかはちょっと調べればわかる。トークのチラシにも書いてある。「ふたを開けたらおもしろくなかった」というのは、自分の勉強不足か予測ミスである。しかも私はどちらかと言えば、質問者を含む会場に集まった皆さんに呼ばれた側である。

おそらく意見を言ったオジサンは、まえまえから私の存在が気に食わなくて、この機会に一発へこましてやろうと考えて参加してきたのだろう。登山客的精神に関して、しばしば否定的なことを書いているので、一部から反発を受けるのは、もうしかたがないとあきらめている。

優しい対応は、サバイバル登山の「表面的な技術論は昔の登山と同じ」であり、「名称が適当ではない」ことを素直に認めてしまうことである。この部分はサバイバル登山の二大突っ込みどころであると私も自覚している。

サバイバル登山という名称は営業用に付けた。内容に見合っているかどうかは二の次で、人の目を引こうと思って戦略的に考え出したものである。営業側面で成功したぶん、突っ込みどころもタップリ生まれた。

「自分の力」にこだわれば、文明力を得る前の昔と似通ってしまうのは当然の成り行きである。それでいて、装備は最新の物を使っているし、食料も米と調味料は持って行くのだから、中途半端なことはわかっている。

私は公安委員会が猟銃を所持しても大丈夫だと保障した温厚な人間である。喧嘩を売ることはない。だが、売られた喧嘩に関しては多少高くても気にせず購入するタイプである。

だからまず「おもしろくなかったら出て行ってもらって構いませんよ」とはっきり言った。私が話を聞いてくれと頼んだわけではなく、話してほしいと頼まれてしぶしぶきたのに失礼千万なジジイである。

そして温厚なので、サバイバル登山の名称は営業用であり、行為も中途半端ですよね、と付け加えておいた。松濤明の記録にも「ヒキガエルを食べる」とある。黒部奥山廻りの記録にも「ライチョウを食べる」とある（うらやましい）。食料現地調達はとくに珍しいことではない。というか、食料を買うのがあたりまえになったのがつい最近のことなのだ。

それでもそのオジサンは「昔はニワトリを絞めたり、ヤギを絞めたりしたんだ」と自分のタフネスぶりを強調していた。

いつも言っていることのくり返しになるが、登山は自由である、というのは正しい。人に迷惑をかけたり、環境を問題があるほど壊したりしなければ、どのような登り方を選ぶかは、登山者の自由である。

そして、登山にも優劣がある、というのも正しい。登山が自由だからといって、優劣がないわけではない。人の活動として優れている登山は存在する。登山は価値観が複雑なので比較しにくいだけで、人間の身体能力と精神力を存分に発揮した登山は優れていて、自分以外の存在に甘えた登山は優れていない。

できるだけ人間が本来もっている力だけで登ろう、というのはフリークライミング思想である。「素登り」といってもいい。そっちのほうが、おもしろく深みもあるからだ。サバイバル登山も同じ考え方なのだが、もうひとつ理解できない人もいるようだ。やっぱり私の登山は名称がよくなかったのかもしれない。

その人生を登山に踏み外した理由の一つは……

昨年末に大手新聞Y社から連絡が来た。読書委員（他社では書評委員という）にならないかという誘いだった。

「え？　マジで？」という喜びが、正直な第一声（声には出しません）。

大手新聞の書評欄担当と言えばインテリ、もしくはジャーナリスト、もしくは元アイドルである。大学で文学畑にいた文筆業者にとっては人生で一回は経験したい重要通過点のようなものだ。二人のできる弟たち（角幡唯介、石川直樹）はとっくに通過している。その角幡くんから、極夜の北極圏探検行から人里に戻ったという連絡が来た。とてもおもしろい旅だったようで簡単な報告を聞いただけで、嫉妬で気持ちが沈んだ。

読書委員に誘われた私は、これを聞いて大学でお世話になった先生たちはいったいどう思うだろうと考えていた。

私は名門東京都立大学フランス文学科を三番の成績で卒業した。いま都立大仏文科は存在しない。すこし前の都知事が妙なセンスの持ち主だったため、文学部は縮小、大学の名前も変わってしまった（二〇二〇年に復帰）。海外文学系は私がいたころからすでに人気が低く、仏文の同学年は私を含めて三人しかいなかった。潰されてもしょうがなかったかもしれない。だが学生に人気がなかったぶん、先生には人気があった。それが名門と言われる理由である。学生がすくなければ授業が楽なので、自分の研究にたくさん時間を割けるため、日本中の仏文研究者が都立大仏文科のポストを求めて集まったのだ。大学側はそのなかから一流の先生を選べば良かった。当時の教授陣は関係者が見たら、驚くような顔ぶれだった。

先生たちは、院生は泣くまでしごいたが、学部生にはまったく期待していなかった。私は私で何回授業に出れば単位をくれるかの限界に挑むような日々を過ごしていた。あるとき遅刻して授業に行くと、先生がぽつんとひとりで座っていた。

「ああ、きてくれましたね」と先生は笑った(当時からプルーストの大御所だった吉川一義先生である)。「予習は……してないよね？」

予習どころか、授業がどこまで進んでいるかも知らなかった。みんなが授業に出るかどうかちゃんと調べてから来るべきだったと私は激しく後悔した。

「それじゃあ、僕が読んで訳そう」と言って、吉川先生がル・クレジオを読み、ゆっくり構文を説明しながら訳してくれた。だが、数行進んだところで、先生は訳すのをやめ、顔を上げた。

「君はなんで山に登っているんですか」

フランス語に関することを聞かれても何一つ答えることができなかったが、その質問だけははっきり答えることができた。

「自分になにができるのか知りたいからです」

「それは私がフランス文学をやるのと同じだね」と先生は言った。そして穏やかに続けた。「君はもう授業に出なくてもいい。単位は出しておくから。今日は終わりにしてコーヒーでも飲もう」

予習をしてこないのはもちろん、フランス語の能力がほぼゼロの学生相手に授業をしても、時間の無駄と思ったのだろう。

だが私は、若者特有の脳内ドカッパレで、先生の言葉に自分勝手な変換をかけて、深く感動していた。あげく「先生の期待に添えるような立派な登山者に必ずなってみせます」とまったくあさってな誓いを心の中で立てていた。

そして巡り巡ってY新聞の読書委員である。ナマ宮部みゆきとナマ朝井リョウがいた（キレキレなのかとビビッていたら二人とも穏やかな人だった）。読書委員会は二週間ごとに開かれる。日曜日の書評コーナーに掲載する本と執筆者を二週間分決定し、それ以降の書評候補作品をそれぞれが持ち帰るという会だ。Y新聞社の一等室とおもわれる「国際会議室」の一画に、新刊本が三〇〇冊くらい並んでいて、自分が書評したいと思う本があれば、机に持っていき、ちょっと確認して、良さそうならそのことを委員会でみんなに説明して持ち帰る。選書執筆する委員は二〇人（社外一八人、社内二人）、編集局文化部から編集役が五人という陣容だ。

社外から参加している読書委員の半分が大学の先生である。大学には大学の文化というものがあり、そうでなくてもインテリの集まりなので、委員会はそのまま大学のゼミのようになる。委員の先生の言葉の端々ににじみ出る教養の深さに私は圧倒された。しかも微妙に私より若い人も多い。完全なアウェー、大学時代の悪夢が甦る。服部さんどう思いますか？　と突然質問され、自分の無教養をさらけ出すことになるのではないかとヒヤヒヤしていると、嫌な汗が背中にじんわりとわいてきた。

しかも初回の委員会のとき、事情がよくわからない私はたくさん本を選んで、候補本として回してしまい、ちょっとおもしろそうというだけで手にとった本を、書評候補として、しどろもどろの説明をしなくてはならなかった。

三〇代が終わるころまで、単位が足りなくて卒業できない夢を見ていた。読書委員に加わって二カ月。委員会があった夜は必ず委員会の夢にうなされている。

いまとなってはバカ話のネタにするしかない芥川賞

『岳人』の読者諸兄姉がほとんど目もむけない純文学という分野で創作をして、文芸誌に発表している。二〇一六年末『新潮』に書いた作品「息子と狩猟に」は、自分で言うのもなんだが、なかなかおもしろくできていた。大手新聞の文芸時評では「傑作」と評されたり、他の文芸誌の新人評では逆に酷評されたりと、世間のにぎわし具合も想定どおり。純文学オタクがやっているネット上の下馬評もなかなか高く、これはもう芥川龍之介賞いっちゃうでしょ、と私と編集担当は、色めき立った。

そんな賞が欲しいのかと問われれば、書き手として生きていくにはあったほうがだんぜん楽である。最初はまあ無理だろと思っていたのが、もしかしてとれるかもとなると、子どものころからの妄想が激しく動き出す。「日本モウソウ協会」と周りから馬鹿にされてきた性分で、いつの間にか頭では受賞することになっていて、「タヌキの皮」がどんどん積み上げられていった。

まず、審査の日に編集者とバーで電話を待つというのは昭和の話で、最近は「どうせ自分ではない」という謙虚な姿勢で、趣味に勤しんでいるのが流行らしい。となると審査発表日は、山に行ってなくては格好がつかない。第一声は「受賞は下山後に知りました」で決まりである。

アイスクライミングはチャラい。黒部で初登ルート狙いはちょっとかっこう良すぎる（受賞の前に死んでしまうかもしれない）。ネタ的にもやっぱり狩猟がよさそうだ。

「狩猟に行っていて、下山してきて受賞を知りました」にコメントを修正。「獲ったばかりの巨大なイノシシと受賞者の服部さん」写真付き。ついでの大手新聞三社に書き分ける「受賞のことば」もおおよそ頭で練り上げた。東京新聞は知り合いがいるのでインタビューにしてもらおう。

なんでも、芥川賞と直木賞は受賞すると、受賞後第一作は文藝春秋から出すようにやんわり圧力を受けるらしい。やんわりじゃなくていいです、がんがん脅してください。第一作は『芥川賞登山家』でこれも決定。

賞金は一〇〇万円。『文藝春秋』の掲載文の原稿料がたぶん六四万円（原稿用紙一枚四〇〇〇円×一六〇枚）。芥川賞ともなればどんなにヘボイ作品でも一〇万部は売れるとして、定価一五〇〇円の印税一〇％で一五〇〇万円。わお。目がチカチカし始めた。影響でこれまで書いた本もちょっとは売れると見込んで、増刷分印税は二〇〇万円でいいだろうか。

ほかにはどこに現金が隠れている？　出したばかりのムック『獲物山』も増刷だな。『サバイバル登山入門』の続編『アーバンサバイバル入門』も進行中（さりげなく宣伝）。べつに八万字の未発表創作もある（さりげなく売り込み）。つり人社に頼まれている毛バリ釣り半世紀八万字は停滞中（さりげなく自己弁護）。架空作品『芥川賞登山家』だって数万部は売れるはずだ（もはや誇大妄想）。

いやはや、これらが子ども三人の教育費になるなら、もう通勤ラッシュを我慢して、あくせく働く必然性が消えてしまう。現在の仕事は、私にとってベストに近いのに、さらに通勤をやめて、山に登って、山のことを考えて、原稿を書いて生活費を稼げるなら、言うことはない。どうしよう。

ほんとうのところ、小銭が余ったらどうするかな、と考えて、膝を治すか?と想って、自分を嗤《わら》った。じつのところ核心を突いている。もし、新品の膝を買えるなら二〇〇万円までは出す。五〇〇万円ならどうだろう。そもそも身体の一部をもし買えるならスポーツ選手がみんな買っている。

いま、欲しいものは寝泊まりできて、獲物の解体もできる猟小屋だ。ネットで検索すると猟場近くの村に三〇〇坪の古民家が五〇〇万円で出ていた。どのへんの家かわかったので、仲間と出猟した帰りに探したら、すぐ見つかった。林道のどん詰まりにある隠れ家的な古い平屋。東向き斜面に建つので午後の日当りが問題だ。たぶん交渉で三〇〇万円にはなるだろう。芥川賞がとれたら、これをみんなのために買うと勢いで宣言した。

あとは横浜の家との往復用の車かな。スーパーセブンに鹿とイノシシを一頭ずつ積んで走る、二〇〇万円也。鉄砲ももう一丁サコーフィンライト、四六万円也。

俺って安い人間だなあ、などと関心するのもつかの間、「息子と狩猟に」は芥川賞どころか、候補にすら入らなかった。

落ち込む私に周辺は「あれじゃ無理でしょ」などと言いはじめる。そういうヤツほど、ここ数年の芥川賞なんかなにひとつ読んでいない。「俺の作品のほうがおもしろい」と反論しても、もはや結果は出ている。そもそも芥川賞ばっかりありがたがられるこの業界の体質はどうなのよ。まてよ、そういう私が芥川賞の権威に迎合して、妄想をたくましくしていた最前線じゃないですか。

ああフラレてすっきりした（負け惜しみ）。自分の馬鹿さ加減ともまた向き合えた（何度目だよ）。

でもやっぱり芥川賞くれるなら、ほしいなあ。

その文学賞、ぜひ私にください

『息子と狩猟に』が三島由紀夫賞の候補になった。受賞作発表は五月一六日。

文学賞と言えば、メジャーな文学賞の授賞式に一回だけ行ったことがある。角幡君が開高健ノンフィクション賞をとったときのことだ。受賞作になった探検記『空白の五マイル』（の一部）を発表したのが『岳人』で、私が担当だったからである。そのときのことは『百年前の山を旅する』の文庫版解説に角幡君がちょっと書いている。授賞式は集英社の文学賞合同で、かなり大規模だということだった。

誘われたとき「面倒くさいからいいや」と断ったのだが、「帝国ホテルの料理が食い放題ですよ」と言われて「行く」とすぐ前言を撤回した。

高級巨大ホテルには苦い思い出があった。大学のフランス文学科の卒業コンパが新宿でおこなわれ、その二次会が「おまえら京プラの喫茶店なんていったことないだろう」という教授のひと言で、京王プラザホテルの喫茶店でおこなわれることになった。ワンダーフォーゲル部であれば、卒コンのような重要な飲み会は、必ず全員べろんべろんになるまで酔っぱらい、新機軸の芸が開発されて笑い転げたり、誰かが先輩に猛烈に絡んだり、もしくは秘密の男女交際が発覚するなど、部史を彩る事件が起こるまで荒れるのが絶対の決まりだった。だからおフランスのワインを軽く飲んで、京王プラザホテルの喫茶店に行くという仏文学科の卒コンは、私にとって大きなカルチャーショックだった。

フランス文学科の集団に最後尾から付いていくと、私だけホテルのドアマンに入館を止められた。サンダルではホテルに入れることはできないというのである。末端の毛細血管を増やして凍傷を予防するためと、水虫を予防するために、当時の私は裸足にビーチサンダルで一年中過ごしていた。ドアマンの対応にはちょっとムッときたが、ケーキを食べたいわけではなかったので「じゃあ俺は……」と帰ろうとすると、先生がちょっとまてと私を引き止めた。

当時、大学で芸術の研究をしているような人間はおおむね反権力的だった。それが仇《あだ》になって都立大学の文学部は潰れることになるのだが、その話はまた別の機会にしたい。先生はビーチサンダルが差別される根拠をドアマンに問いつつ、裸足ならどうだとか、ビーチサンダルとサンダル風ハイヒールに違いがあるのかとか、お得意の論調で突っかかっていった。

一緒にいたみんなは「まあまあまあ」という感じだったが、不当な権力に対して敏感な先生のひとり（合田正人先生です）が、「おんぶすればいい」という先方をおちょくった解決策を思いつき、合田先生が薄汚れた服を着た私をおんぶして入ることになった。そこにいたメンバーで、重いものを背負うことに関しては私が飛び抜けて有能だったと思うのだが、その私がどちらかというとインテリの助教授（当時）に背負われて、京王プラザホテルに入っていった（最終的にはそれを見たドアマンが折れて、もういいですとなった）。

それから一五年以上経った角幡君の授賞式の日、私はまだ凍傷と水虫の予防のためにビーチサンダルを履いていた。授賞式の数日前に靴を用意しなきゃと気がついたのだが、結局、すっかり忘れていた。

隣に座っていた編集部員に靴を借りようかと思ったところで、編集部の倉庫に沢登りのタビがあったことを思い出した。モンベルのサワーシューズロングである。色も黒く、見た感じは黒い革靴と変わらない。「これだ」と救われた思いでサワーシューズロングを履き、私は帝国ホテルに勇んで向かった。

不運なことにその日は雨だった。しかも土砂降りだった。サワーシューズロングでばっちりじゃんと思っていたのは帝国ホテルの入口までで、中に入るとサワーシューズのフェルトに染み込んだたっぷりの雨が私の足跡を絨毯の上にくっきりと残していた。

歩いても歩いてもフェルトは乾かず、自分の行動を示す足跡がずっと続いた。私はあまり歩き回らないように会場の隅にじっと座っていたのだが、祝賀会になるとそうも行かず、最大の目的である帝国ホテルの料理を食いまくるという目的を果たすべく歩きはじめた。狙いは寿司ブースのウニ。お好みで頼むようになっているにもかかわらず、「ウニとトロ、二〇貫」と頼めるシステムではなく、ウニを頼むとイカなどと混ぜた皿に載せて提供された。ウニを一〇貫食べるためには、イカも一〇貫食べなくてはならず、皿は両手にひとつずつしか持てないので、自分のテーブルと寿司ブースを最低でも五往復しなくてはならないというわけだ。

私のテーブルと寿司ブースの間の絨毯には濡れた足跡が何重にも重なってトレイルになり、それを見た角幡君はゲラゲラ笑っていた。

もし三島賞がもらえたら、今度こそ靴を履いて授賞式（ホテルオークラ）にいく。

文学賞と熊一頭。その経験と実益を比べたらどちらに価値があるだろう。

ゴールデンウィークは昨年に引き続き、インド・ヒマラヤの麓で沢登り&渓流釣りの山旅をしようと目論んでいた。

本州だけで獲物を追っていた数年前は、春と秋は少しゆったりしていた。北海道でも狩猟をするようになり、さらにインド・ヒマラヤでも釣りをするとなると、獲物山にオフシーズンはひとときもない。獲物を追っているつもりが逆に獲物に追われる生活になり、春のインドの旅に必要な調査や心の準備が追いつかなかった。「面倒くさいときは事故るとき」というのが経験則なので、インドはあっさり中止。連休はゆっくり家の工事でもしようかと思ったのだが、天気がよさそうなので仲間と二人で白馬岳の黒部側にいってみることにした。

柳又谷のギョウジャニンニクと北又谷のイワナの状況調査に加えて、黒部奥山廻りルートが春先にはどうなっているのか確認するというのが目的である。すくなくともギョウジャニンニクは採れると信じて、食料はいつものように米と調味料だけ、宿泊装備もタープ&焚き火にした。

大雪渓から後立山の稜線を越えて、柳又谷へ。雪の切れ間に見えている流れに、毛バリに反応してくれるイワナはおらず、初日、二日目はギョウジャニンニクのフルコースとなった。覚悟はしていたが、あと三日間、食べ続けるのは辛い。

翌日、イワナを求めて北又谷に移動していると、ガラガラと音がした。見ると右手の岩壁を落ちていくものがある。カモシカ？　ではなく熊のようだ。熊は滑落するほどマヌケではない。冬眠明けで寝ぼけているところに、われわれが出現し、あわてて足を踏みはずしたのだろう。そのうえ、踏みはずしたところが悪かった。石と雪と一緒にバウンドしながら二〇〇メートルほど落ちていった。

「さすがに死んだかもしれない」

山に入るといろいろなことがあるものだ。食料も装備も最低限というわれわれのスタイルを、獲物の神様が評価してくれたのかもしれない。

見に行くとけっこう立派な雄熊が死んでいた。かつて熊一頭は米二〇俵の価値があったという。当時は哺乳類の肉も熊の胆や腸などの薬も毛皮も貴重品だったからだ。いまはハナマサとマツキヨとユニクロがあるので、熊一頭の新鮮な死体には米二升くらいしか価値はない。それでもわれわれにとっては願ってもない天の恵みだ。

登山予定をすべて取りやめて、まず解体。イワナ用の包丁で、なんとかバラした。肉も毛皮も頭骨もすべて欲しい。とりあえず二人で持てるだけ持って、よたよたと前日の宿泊地に戻った。背ロースを焼いて食べる。うまい。やや固いが脂と旨みは絶品だ。

できるだけ肉を胃袋に詰め込んで、あとは残った肉をどう下ろすかである。生皮だけで一〇キロくらいあるが持って帰りたい。三島賞の授賞式に熊皮をかぶって出たらおもしろ過ぎる。

そういえばと、ふと思った。梅棹賞のときは発表直前にイノシシを撃ち漏らして逃げられ、文学賞よりイノシシが欲しいと思ったのだった。もし獲物運なんてものがあるなら、この熊で一年分くらい使い果たしてしまったかもしれない……。

頭は重いので、とりあえず埋めておき、後日の回収に期待することにした（今から思えば、沢に沈めておくべきだった）。毛皮を丸めてザックにいれ、その上にできるだけ肉を積んだ。同じく肉を詰めてザックを背負った相棒が大学時代の合宿より重いと言っている。

一日行程を二日かけてなんとか歩き、タクシー、北陸新幹線、タクシーと文明の利器を駆使して、熊肉を自宅に運び込んだ。連休の残りは熊焼、熊汁、熊カレー、熊餃子である。

休み明けに三島賞の「候補者記者会見」というのがあった。候補者の会見というのが意味不明だが、受賞が決まってからより本音が出るからだろうか。

「もしいただけたら、授賞式は熊の皮をかぶって出席します」と言うと、会見場にいた新聞記者の友人が「またキワモノだと思われるからやめたほうがいいですよ」と言いにくそうにアドバイスしてくれた。

「やっぱりおれってキワモノだと思われてるの？」

「いや、わざわざ誤解されるようなことはしなくても……」

チャンスは最大限に活かす、というある偉人の言葉がある。私も、きれいに積み上げられた積み木があったら是が非でももうひとつ積み上げたい（おもしろいほうをとる）というタイプだ。

発表の日は、必ず都内にいてくださいと担当編集者に言われ、もうほとんど受賞する気になっていた。

行く気満々で電話を待っていると電話が鳴り、受話器をとると、本題に入る前の声のトーンで、俺じゃない、とわかった。

なんだくれねえのかよ、と思いながらとぼとぼ家に帰り、また熊肉を食べて考えた。三島賞と熊肉とどっちがよかったのだろうか。

うーん。熊かな。

第五章
現代に生きる

現代に生きながら「現代は便利になりすぎた」と批判するのは難しい

リニアモーターカーが南アルプスを貫いて品川から名古屋まで通る、という計画がある。すでに工事も始まっている。その反対運動にかり出された。

個人的にはリニアに反対している。林道にも、登山道にも反対しているくらいだから、リニアもいらない。全然いらない。もっといえば、国立公園内は地上も地下も上空もエンジン禁止が個人的な願いである。林道も登山道も山小屋も「人工登攀」みたいなものなので、全部つぶして、日本中の山を「フリー化」するべきだと思っている。

だが、それを表明して多くの人といっしょに反対運動をしようという気持ちはない。リニア反対に「かり出された」のは、古い仲間に頼まれてなんとなく断れなかったからである。断って意識の低い裏切り者と思われるのがいやだったのだ。

山が壊れるのは悲しい。私の遊び場を奪わないでほしい。だが、南アルプスの大自然にはリニアモーターカーが似合うと感じる人がいるかもしれない。それは、もはや個人の審美眼の問題で、こちら側の世界観や環境への意識を説明して改変を促すことは難しい。たとえば黒部第四ダムは、自然環境側から見たら、おぞましい建築物の一つだと私は考えているが、訪れている人々を観察している範囲では、おぞましいと思っている人はほとんどいない。逆に自然の雄大さ（とダム建設という人間の所業のすごさ）を感じている人が大多数のようである。経済的にも多くの人を支える巨大産業に他ならない。

わが家の近所には除草剤で雑草を一掃して「きれいになった」と本気で口にするおばさんがまだ生きている。増水の早い川の近くに住んでいる人から、砂防ダムができてよかったと、聞いたことがある。原発事故の翌月には、エレクトリカルパレードが再開されていた。新聞には再開する側のコメントとして、国民を元気づけるため、という主旨の談話が掲載されていた。皮肉なのか本気なのかほんとうに悩まされた。

かくいう私も、雁坂トンネルを利用して奥秩父の沢に行ったことがある。高尾山を壊すと言われた「圏央道」を、猟期には毎週利用している。

リニア開発推進派の意見を本気で聞いたことがないし、あまり興味もないのだが、ほんとうのところは、みんな新幹線で充分だと思っているのではないだろうか。それでもリニアを造るのは、もう日本にリニアくらいしか作るものがなくて、外国に売るものもリニア（と原発）くらいしかないからなのではないのか。せっかく日本国中に造った原発を使うためにも、リニアがあったほうがいいからなのではないのか。

個人的な勘ぐりかもしれない。ただ、国土を開発して、経済的に日本をより豊かにしようという気持ちが働いているところは間違いないはずである。日本を見渡して、富を生み出すものがもはやほとんどないのに、どの政党も選挙では「経済をよくする」と謳っている。景気より幸福度や環境保護を優先しようという政党はない。国民の多くが幸福＝金だと思っているので、景気回復を優先すると言わないと選挙で勝てないからである。

みんなが等しく貧乏になって微妙に我慢して、というのは地球環境には理想だが、失業率が上がれば、まず間違いなく治安は悪くなる。「経済発展をあきらめる」なんて政府や政治家が口にしたら、経済立国の日本は瓦解するかもしれない。政府は穏やかな撤退のために、景気向上をめざしているフリをするしかないのだ、たぶん。

「リニアをやめよう」というのは、「貧乏を我慢しよう」というのと同じことだ。反対する人にほんとうにその覚悟はあるのだろうか。

これまで私は、ちょくちょく現代文明を否定するようなことを書いてきた。現在の便利快適には行き過ぎた面がある（と二〇〇年以上前から言われている）ので、自分の生活をちょっと振り返って、すこしは我慢をしたほうがいいのでは、というのが私の主張である。その主張は今でも変わらない。

だがほんとうのところはどうなのだろう。私が私なりに我慢だと思っていた行為や、私が私なりに現代文明を拒否していると考え実践してきた登山は、もしかしたらどれも、都市文明に支えられた自分の豊かな暮らしと、私以上に、豊かな暮らしを求めているまわりの人々あったればこそなのではないか。

わが家は、小さな薪ストーブひとつで冬の暖房をまかなっている。薪は自宅の裏の雑木林から拾ってきた倒木か、立ち枯れの木である。山から大きな木を運んで、切って、割って、薪置き場に積んで、乾かして、ストーブの横に運んで、ようやく使える。とれる暖と労力のコストを考えたら、灯油を一八リットル一四〇〇円で買うほうがはるかに安い。

表面的には、私は薪ストーブで暖をとるという贅沢を自分の才覚と労力で維持しているといえる。だが、近隣の誰かが薪ストーブを購入して、私のように雑木林から薪を拾うようになったらどうなるのだろう。

都市圏に住む人々は、人生の時間と引き換えにお金を稼ぎ、そのお金で電気やガスや灯油を購入して暖をとる。クリーンで使いやすく、コストも許容範囲に見える。そんな都会のシステムがあるからこそ、私は薪を拾える。近所の数軒が薪ストーブを入れ、燃料を自給しようとしたら、裏山はすぐに丸裸になってしまう。

私の仕事（賃金）を与えてくれる『岳人』も、社会が安定し、多くの人々が山登りに行けるから存在している。山登りでさえ、文明によって作り出された産物である。近年、イワナが増えたのは景気が悪くて釣り人が減ったからだし、鹿が増えたのは温暖化の影響といわれている。私が獲物を手にするのは、まさに現代文明の悪い部分のおかげということになる。

そんなこと頼んだ覚えはない。だがそう言い切るには、私はどっぷりこの社会システムに漬かりきってきた。いや、それどころか、私はその隙間をうまく利用して、都会と自然の都合いいところだけをかすめ取って生きている。見方を変えれば、平均的な人間より二倍ズルイと言えなくもない。

自分を卑下しすぎだろうか。

リニアはいやだけど、貧乏もいやだという反対派なら、私は与《くみ》しない。

薪ストーブの薪のことを考えると、自分で自分を追いつめてしまう

薪ストーブに火が入った。

小さな一軒家に、無理矢理設置しているため、わが家の薪ストーブは、障子の前に置かれている。熱くなる場所を観察して耐熱処理を施してあるが、登山で長期間家を空けたあとは、駅からの帰路、角を曲がって、わが家が見え、焼け落ちていないとほっとする。

燃料の薪は、裏山に積んである。毎朝、犬と散歩に行き、ついでにウンコをして、駒に切った丸太を一つ背負って帰ってくる。

数年前、高度に入り組んだ個人的環境保護思想の末に、ウンコはできるかぎり庭ですることにした。ところが最近、風下側の家から「やめてほしい」と訴えていると思われるサインをたびたび感じるに至り、排便の場所を人家から離れた裏山に変更せざるを得なくなった。隣人の気持ちになってみると、庭ウンコをやめさせるためにはまず、「あなたは庭でウンコをしているのか」と事実関係を明らかにしなくてはならない。そこからして現代社会の常識を逸している。お隣も核心に触れずに、庭ウンコをやめさせるため、相当悩んだことと思う。

裏山には一〇〇個近い薪用の丸太駒が積んである。五から一〇キロほどのその丸太を、毎朝運び、家の庭でさらに短く切ってから、斧で割り、ストーブの横に並べて、ようやく燃料になる。寒い休

日は一〇キロぐらいの薪を一日で燃やしてしまう（平日は家に人がいなくなるので消費がすくない）。効率を考えはじめると、薪ストーブというのは複雑である。

暖をとるのに、私は現金を使っていないものの、労力と時間と保管スペースをかなり注ぎ込んでいる。薪にまつわる経費と労力をお金に換算したらかなりの額になり、それで充分に一冬分の化石燃料を買うことができる。薪と比べることで化石燃料のエネルギー量の多さもわかる。灯油は重さに比べて熱量が高く、液体なので保管スペースに無駄がなく、運搬もしやすい。そのうえなぜか安い。都市ガスなら運搬と保管すら必要ない。

率直な感情としては現代文明と貨幣経済と消費生活が嫌いである。だが、もう少し考えると、自分にそんなことを主張する余白が残されていないのがわかる。

排便をトイレに流さない環境保護運動も効果は今ひとつ、はっきり言えばゼロである。「使わない電気は消せ」と息子たちに言うと「このスイッチを一つ切っただけで、火力発電所で燃やす化石燃料の量は変わらない」と返ってくる。そして、みんなが薪ストーブを使いはじめたら、私が燃やす薪はなくなってしまう。どこもかしこも矛盾だらけだ。

そもそもなぜ環境を保護する必要があるのか、突き詰めていくとわからない。地球温暖化はヤバい。原発も核廃棄物もヤバい。ダムも自然を壊すのでヤバい。でもどこの誰にとってヤバいのだろう。

寒冷地を好むライチョウは温暖化にともなって、すこしずつ高い所に追いやられ、絶滅しかけている。われわれはライチョウを特別天然記念物に指定して保護する一方で、日々エネルギーを使いまくって温暖化に貢献し、少しずつライチョウを殺している。私の生活は平均的な日本人よりは二酸化炭素排出量がすくないと思う。もしかしてライチョウ一羽分くらい環境保全に貢献しているかもしれない。かといって、ライチョウを食べたら本気で怒られる。

温暖化も原発もダムも突き詰めればエネルギー問題（と人口問題）が最大の要因だ。だが諸悪の根源である電気（と人類）を否定する人はいない。もはや電気なしに、現代生活は成り立たない。電気がなければ生きていけないのだから、われわれは電気製品ということになる。

一方、一部では、節約とか断捨離が流行っている。私もミニマリスト的なスローライフ派の一味と思われているようだ。

一般に「働く」とは「お金を稼ぐこと」になっていて、薪を運んで割ったり、肉を山に獲りにいったり、野菜を庭で育てたりするのは「趣味」の一部らしい。

報酬がなく、社会的責任をともなわなくても、生きるための作業は、本来すべて仕事だ。水、燃料、食料、灯り、通信を個人でおこなうと生活の多くの時間が奪われて、効率が悪いので、それらをほぼ自動で供給循環するシステムができあがった。現代社会システムである。だが効率を最優先に考えて、暮らしにまつわる手仕事まで購入して済まそうとすると、生きている理由がわからなくなってしまう。面倒くさいことを全部他人に任せていたら、究極的には、生きるのも他人に任せるということになってしまう。

生きるための面倒くさい作業（野良仕事）に喜びを見いだすしか、生きていくことを楽しむことはできないのではないかと思う。だが、短期間しかこの世に存在しない個人が、半永続的に循環する環境を守るために、自分の快楽や欲を本気で我慢して、慎ましく暮らすことに喜びを見いだすことは難しい。

私も社会のシステムに甘えながら、自分ができる似非《えせ》スローライフを愛好しているにすぎない。考えれば考えるほど、自分の行為の矛盾が明らかになり、人類が迎える未来に恐怖とその恐怖をちょっと見てみたい気持ちが湧いてくる。結局私は、自分の信じることを楽しみながら続けるしかない。

高速移動が可能になった人間は楽しい人生を賢く過ごしているのだろうか

二〇一七年の七月は小説『息子と狩猟に』が出版されたためスケジュールがタイトだった。街の仕事はやりくりできるが、山は、トークイベントがクサビになって期間をぶつ切りにされると、とても登りにくい。天気も梅雨なので安定しない。そのとき作っていた『岳人』用のウェストンルート検証登山も、用意していた三日間は雨で流れ、そのあとなんとか二日間の日程を工面したあげくの無理矢理の山旅になってしまった。

昔の登山を再現しようと思ったら、昔の人と同じように、たっぷりの時間を用意して、猟師小屋や岩小屋などのシェルターを繋ぐ登山になる。ウェストンたちは播隆窟《ばんりゅうくつ》や赤沢岩小屋で焚き火を熾して、濡れた身体を乾かしている。ある意味では優雅で贅沢な山旅だ。

アクセスも、島々村から徳本峠《とくごうとうげ》を越えて上高地に入り、槍穂高連峰に登ってまた、徳本峠を越えて帰った。交通機関が発達し、移動に要する時間が格段に短縮されたわれわれは、欲を詰め込むことが可能になったぶん、忙しく貧しい登山をしているのかもしれない。

私の登山も、日程を短縮してずらしたせいで、下山日が三連休の最終日になってしまった。朝、ツェルトを叩く雨音を聞きながら帰りの渋滞を心配していた。午前中に下りれば、渋滞がはじまる前に、魔の小仏トンネルを抜けられるだろうか。

沢渡《さわんど》の駐車場をなんとか一二時に出発したのだが、すでに中央高速は渋滞していた。小仏トンネルを先頭に二五キロ。やれやれである。

さらに甲府を越えるころには笹子トンネルも渋滞がはじまっていた。一五八二年、信長軍に追われた武田勝頼（信玄の息子）が越えられなかった笹子峠。その笹子峠の下に掘られたのが笹子トンネル。中腹に貫通するトンネルまで高速道路はかなりの急坂を登っていく。だからここには、走行車線、追い越し車線のほかに登坂車線というのがある。トラックや軽自動車など上り坂でスピードが出にくい車が通行の邪魔にならないように登るための車線である。

渋滞中なので走行車線と追い越し車線がのろのろ運転だった。このときばかりは登坂車線は空いている。そこを時折、ズルイ車が走っていく。

ウインカーを出して自分も登坂車線に入っちゃえ、という誘惑がもたげるが、ちょっと考えてやっぱりやめた。赤信号を無視して車のこない横断歩道を渡ってもだれにも迷惑はかからない。だが登坂車線はトンネルの前で終わるので、また走行車線にもどらなくてはならない。誰かを出し抜くタイプのズルなので、嫌な思いをする人が必ずいる。

そう思って、行儀よく渋滞の列に並んでいるのだが、その横をつぎつぎと車が走っていく。

「なんで平気でマナー違反ができるのかなあ」と走り去っていく車を顎で指しながら助手席の相棒に聞いてみた。自然公園法の隙間を縫うような登山をくり返すサバイバル登山家にマナーを語られたらおしまいだ。

「先のこととか、他人の気持ちとかをまったく考えない才能にあふれているんでしょ」

「ニワトリかあ」

通り過ぎる車の外見から運転手の人柄を分析する。

「ヤンキー」「金持ちのバカ」「仕事で急いでいる」「おしっこ漏れそう」

このぐらいの悪態は許されるはずだ。

それなりの社会的な地位にある人しか乗れないような車がズル車線を登っていったりする。徳はなくても金はあるということなのだろう。人を出し抜くことに慣れているから金があるのかもしれない。走行車線に戻れないというリスクを彼らは考えないのだろうか。道路交通法ではどうなっているのだろう。行儀よく待っている運転手が前の車にピッタリ付けてズル車線から走行車線に割り込みができないようにしたらどうなるのか。

そんな意地悪をしたら、人徳の程度がズル車と同じである。だが私はその意地悪を実践した。前の青いマーチにぴったりくっついて横でウインカーを出す白いハイエースが入れないようにしてやった。だが、ハイエースはそこに無理矢理入ってきた。睨みつけると、向こうもこっちを睨んでいた。私と同世代、自分を見ているような気がしないでもない。

そのまま車をねじ込んで来て、こちらがブレーキを踏まなければ車をぶつけてしまうところだった。ある意味では私を信用しているということなのだろう。こちらもちゃんとブレーキを踏むところに人徳がある。

みんな渋滞でイライラしている。喜んでいる運転手がいるとしたら、付き合い始めた彼女と二人でドライブ中の若者だけだ。こんなところにいたくない。私がいなければ一台分渋滞が減る。高速で移動する一トン以上の金属の塊を、平均的な個人が所有できる時代というのはなんだろう。それをわざわざ高速道路に集めてのろのろ運転させる文明とはなんなのか。私もいまそんな賢いニンゲンのひとりである。

通常より二時間余計にかかって横浜に帰った。時間だけを考えるなら、徳本峠を越えるより断然早い……けど。

うまいご飯はどこにあるのどうどう巡り

炊飯器を買い替えることにした。一五年くらい使って壊れたからである。ご飯を炊くのは炊飯器の仕事になって「飯炊き」という仕事も言葉も消えつつある。炊飯器は飯炊きを失敗しない。だがその味は平均点だ。年に一〇〇回ほど焚き火でおこなう焚き火炊飯は一期一会。ぼけっとしていて、こがしてしまうこともあるが、三回に一回は驚くほど美味しいご飯が炊きあがる。

炊飯器購入に際し、高級な炊飯器なら焚き火炊飯の絶品ご飯を、毎日食べられるかもしれないと思って、いろいろ調べた。大手の電機メーカーから中古軽自動車並みの値段で炊飯器が販売されていた。商品説明の謳い文句を読むと、絶品ご飯が炊けそうだが、一〇万円前後という値段に怖じ気づく。二〇万円というのもある。

朝晩二回米を炊いたら、年間で七〇〇回。一〇年使えるとして七〇〇〇回。一〇万円なら一回一四円。高い買い物ではない気もする。

ガスコンロにかけて使う炊飯用の土鍋というのも販売されていて、こっちは数千円。この鍋はリサイクルショップに一〇〇〇円くらいでしばしば出品されている。宣伝文句を読むとこちらもかなり美味しそうだ。ただ、手元にある土鍋やホーロー鍋＋ガスコンロで米を炊いた経験では、ガスの炎ではどんな鍋を使っても焚き火で成功したときの味を出すことはできない。

ガス会社もガス炊飯器というのを販売している。というか私が子どものころ（昭和五〇年代）は炊飯器といえばガスだった。こちらもだいぶ進化しているようだ。値段も五万円ほど。

福島の原発事故の後、近所のオール電化高級マンションの住民が青くなっていたこともあり、なんとなくガス炊飯器を買うことになった。ガス炊飯器とはいっても炊くのにガスを使うだけで、制御は電気でおこなう電気製品である。わが家にやってきたＵＦＯのような炊飯器はかなりうまいご飯を炊いたものの、やはり、焚き火炊飯の味にはかなわなかった。

ところで、山中の飯炊きが大成功する確率が三回に一回くらいなのは、標高が高いということも影響していると思う。気圧の関係で沸点が低くなってしまうからだ。加えて山旅では、米を水に浸す時間が確保できなかったり、焚き火の火力が不安定だったり、イワナを下ろしていて目を離してしまったり……と失敗につながる要因が多い。火は強くても弱くてもだめ。強すぎると一気に沸騰して、水分が飛びすぎてガンタ（芯メシ）になり、弱ければ熱が鍋の中で一定にならず、ムラができる。ガンタはお湯か水を入れて火にかけ直すことで修正できる（ガンタ補正という）が、そのご飯が美味しくなることはない。

いろいろな条件がばっちり揃ってうまく炊けたときは、ご飯はふっくら甘く、別次元の美味しさになる。オカズにまったく手をつけることなく、ご飯をオカズにご飯を食べるという状態。薪や炭火の強い遠赤外線に美味しさの秘密があるのだろう。

ひと月ほど前の日曜日、誰かが夕飯をつくるだろうと家族の全員が思っているうちに『サザエさん』が始まった。こんなとき、ガス炊飯器の弱点は、米が炊きあがるのに時間がかかることである。妻があわてたが、炊飯器を使わず鍋で炊けばそれほど時間はかからない。しかも薪ストーブがついていた。

玄米を精米機で搗いて、ステンレスの鍋にいれ、さっと洗って、まず薪ストーブに載せ、一五分経ったらかき混ぜて、ガスコンロで沸騰させる。この間に薪ストーブに薪を足して火力を上げておき、ガスコンロであらかた水分を飛ばしたご飯を、もう一度薪ストーブの上に載せて蒸らす。

山の上でやっていることをちょっと応用しただけだった。野菜炒めを作って夕飯が完成。サザエさんがジャンケンをするころにはもう炊きあがったご飯は、少し水分が多くゆるかったが、食べてみると甘みがガス炊飯器より強くて旨かった。

ふと、そもそも炊飯器って要るのかな、と疑問がわいた。自分で炊いたほうがうまいなら、炊飯器のやっている仕事は単にタイマー係ということになる。朝起きてご飯が炊けているのは楽ちんだが、浸し米にしておけば三〇分早く起きて飯炊きをすればいいだけだ。その三〇分と火加減を管理する手間に見合うほど、ご飯の味に違いがあるか……。

毎日、ということを考えたら、やはり炊飯器に分があるのかもしれない。それゆえ炊飯器がこれほど世の中にはびこり、その結果、私は炊飯器が炊いたご飯以外を食べることなく育ち、ご飯の味はその程度だと思っていた……。

三〇分の手間ヒマを惜しんで、そこそこのご飯を食べ続ける人生ではなく、焚き火や炭火で毎日、楽しみながらご飯を炊いて、甘いご飯を食べるような余裕を持った人生を過ごしたい、と思った。でもそれは、少し前まで誰もがやっていて、私も山の中でやっていることだった。

長期登山の下着から人類の未来を考える

陰嚢《いんのう》が猛烈に痒かった。噛み砕いて言えばキンタマ袋である。一夜にして白癬《はくせん》菌が爆発的に増え、インキンになったらしい。思い当たるフシもある。

一一月の長期山行は家族と友人を連れて、北海道で狩猟と渓流釣りとハイキングを楽しんだ。北海道は銃猟の解禁が本州より早く（一〇月一日）、渓流は禁漁期間がない（禁漁河川はある）。それは鹿撃ちとテンカラ釣りをしながら、避難小屋をベースにして、楽しくグルメな登山ができるということに他ならない。朝の気温は氷点下まで下がるものの、北海道の避難小屋は薪ストーブが設置されているところが多く、小屋利用なら寒いどころか暑いほどで、素人でもお気楽な登山が楽しめる。

お気楽といっても、林道のゲートから避難小屋までは数時間の歩行が必要だ。そして、日本のサラリーマンは軟弱である。友人の一人がバテた。パンパンに膨らんだザックの中身を見ると、まともな登山者なら決して持つことのない余計なものがたくさん詰まっていた。使い捨て濡れ手ぬぐい、必要以上のお菓子、なぜかバター、過剰な常備薬、カメラ充電用のソーラーパネル、そして数日分の着替え。

いくらレクリエーション登山といっても、限度があろう。私は友人に登山者の心構えを説教した。

「パンツなんか、いまはいているの一枚で足りるんだよ」

山での就寝時、私はパンツを脱いでいる。パンツなしで寝間着用の毛の下着をはいて、シュラフに潜る。だがこの山行では、友人に山ヤのあるべき姿を見せるため、あえてパンツを脱がなかった。パンツは汚ければ汚いほど、臭ければ臭いほど登山者として一人前なのである。薪ストーブ付きの避難小屋は暖かく、シュラフに入っていると暑い。そして、一週間の登山が終わるころ、私のパンツはどこに出しても恥ずかしくないほどに熟成していた。いっちょまえの登山者とはどういうものか、身をもって証明したのである。

そして帰京して出社したら、陰嚢がたまらなく痒かった。あまりの痒さに、私は仕事を抜け出して、水虫の薬を買いに走った。薬局からも走って帰り、トイレに駆け込んで、いざ薬を塗ろうとして説明書の注意書きが目に入った。

「陰嚢には塗らないでください」

ばかな、これほどの猛烈なかゆみが発生していて、目の前にそれに対処する薬があるというのに、塗らないで我慢しろというのか？　もちろん無視して塗りたくった。注意書きが何を意味しているのかわからない恐怖感はあったものの、すっとする清涼感と、掻きすぎた傷口を刺激するぴりぴりした感覚が股のあいだにぶら下げたものの表面に広がっていった。

最初は、いかにも効いていますという感じだった。だが、一時間ほどでまた痒くなってきた。二時間もすると猛烈なかゆみになり、私は何食わぬ顔でトイレに行き、狂ったようにキンタマを掻きむしって、また薬を塗った。そのパターンは帰宅するまでくり返され、薬を持ってトイレに入るたびに「薬物中毒の末期のようだな」と自分が怖くなった。

その夜は眠れなかった。二時間ごとにかゆみに起こされて、薬を塗らなければならなかったのである。なにかおかしい、と思ったのは、翌日の会社のトイレでだった。ここまで強烈な白癬菌があるのだろうか。薬の注意書きも引っかかっていた。そもそも陰嚢とはほんとうにキンタマ袋のことだったろうか？　私は不安になりパソコンで検索した。

陰嚢は間違いなくキンタマ袋だった。さらに私は「インキン」と検索条件を追加した。そこには驚くべき記載があった。

「白癬菌が陰嚢に付くことは非常にまれ」というのである。だが私の陰嚢は実際にひどい痒さにさいなまれている。混乱しながらどこかで、やっぱりそうかという合点もあった。私の痒みがインキンではないとすれば、薬が効かないことも辻褄があう。

陰嚢の激しい痒みは「陰嚢湿疹」というものらしい。皮膚科で診断してもらえと画面にある。そういう身体部分を他人に見せることに抵抗があるから検索しているのに、何をか言わんやである。自己診断でキンタマが破裂しても私は構わない。

そもそも健康とは？　病気とは？　と煮詰めていくとその本質は曖昧である。病気で辛い症状が発生すると、なんとかそこから逃れたいと思う。だが辛い症状はともかく、病気そのものは否定すべきものなのだろうか？　本来は受け入れるべき自然界のシステムなのではないのか？

「健康寿命」という最近の複合語をあえて深読みすると、通常の「寿命」には不健康な晩年が含まれているということになる。人を健康にするのがそもそもの目的だったはずの医療は、高度に発展した結果、人類を不健康な方向に導く存在にもなっている、のかもしれない。

たとえば過度な抗生物質への依存が人類を劣化させているという報告がある。まあ、エネルギー問題や環境問題などを含めて、都市型の生活をする人間は、意識するにせよしないにせよ人類滅亡に向かってアクセルを踏み続けているようなものだ。もちろん私もその一人である。

ただ、ヒトにかぎらずどの生命体を見渡しても、遠い未来の子孫のことを考えて、ほんとうの意味で生命欲を捨て、我慢したり、耐えたりしている生き物はいない。ストイックなナチュラリストより、欲に素直な都会人のほうがよっぽど生命体として自然なのかもしれない。

早速、水虫の薬を買った薬局で、今度はデリケートな部分専用の痒み止め（女性用）を購入してきて、塗りたくった。

陰嚢の痒みはすでに過去の思い出になっている。原因はやはり「熟成パンツ」なのだろう。

知的生命体の目標は生まれ故郷の生態系から抜け出すことにあるのか

自著が連続して世に出たため、販促イベントがあり、「知人、友人」に会う機会が多かった。アウトドア業界一の野次馬を自認する大木ハカセがやってきて、経歴詐称的な自称探検家が増えていると嘆いていた。極地探検の世界で、北極点や南極点から一〇〇キロほど離れたところから歩き始めて、極点到達といった「冠」を自分で自分の頭の上に乗せてしまう人がいるという。登山の世界でも、同じ山に登るにしても登山スタイルでその難易度がまったく違うということを世間一般が理解できないことにつけ込んだ、自己宣伝過剰な人がちらほらいる。

北極点は砕氷船で訪れるツアーがあるし、南極点は極点上の基地に飛行機で訪れるツアーがある。乗り物で極点に行けるようになってから、北極に関しては「どこかの陸地から」、南極に関しては「どこかの海岸から」出発し、全行程人力（もしくは犬ゾリ）で移動して極点に着いたら「到達」とするというのが暗黙の了解になった。極地探検の意味と歴史を考えて、自ずとそこに「最低限」の線引きがされたのである。

そのような不文律があるにもかかわらず、それを無視した（もしくは知らない）「極点到達詐欺」にハカセは憤っていたが、日本の山岳事情を考えると複雑だ。一般的な登山の世界を鑑みるに、昔はなかった道路やロープウェイで、ほとんど山頂近くまで行って、最後だけちょこっと歩いて「登頂」

というのは、一部の開発された山ではあたりまえになっている。

登山で詐称や詐欺まがいの自己宣伝をおこなっている有名な若者がいる。世間はその若者を私が批判していると理解しているようだ。「登山家として三・五流」などとテレビで評したからだろう。登山は自由である。他人がとやかくいうものではない。応援する気もないが、批判する気もなく、「三・五流」は登山者としての能力に関して事実を述べただけである。

そもそも、登山の「応援」は、どんなものでも行為者を死に煽る可能性があるのでするべきではない。命懸けで挑戦するのは登山の自由なので、死んでしまうよ、というアドバイスすら行為者にとっては不純物になる。無名の若者が一発逆転ですごいことをして世間をあっと言わせられる可能性があるというのが登山のいいところだ。世界最高峰にバリエーションルートからサクッと登って、ニートでも登れますみたいな発言をして、登山界の常識が吹き飛ぶ瞬間が来たら痛快だ。

ただ「単独無酸素」に関しては、やってもいないのに公言するのは「文化的横領」である。単独も無酸素も、われわれ登山者が創り上げてきた文化である。ときに登山者はその「冠」のために命を賭けてきた。自分の実力ではそれらのスタイルを貫けず涙を飲んだ登山者もいるし、無理して挑んで死んだ者も多い。「単独」も「無酸素」もそんなに簡単にはできないからこそ「かっこいい」文化なのだ。その文化に敬意を持たずに、売名に使うとしたら、命懸けでその文化を創ってきたわれわれ登山者に対する冒瀆《ぼうとく》になる。もし自己宣伝に使いたいなら、ちゃんと文化に参加して欲しい。

糞土師《ふんどし》の伊沢正名さんとも、トークで話す機会があった。野糞で世の中を良くしようという強い考えを持っている野糞の達人である。私も日頃できるだけウンコをトイレに流さずに、庭で排便していると『アーバンサバイバル入門』に書いたので、対談することになった。

ついこのあいだまでわが家では、いってきまーすと登校する子どもに、庭でウンコをしながら手を振るという牧歌的な情景が展開されていたのだが、現在、私の庭糞は、危機に瀕している。半年ほど前から、ウンコをしようと庭に出ると、隣の家からあからさまな咳払いや、激しくトビラを開けるような音が聞こえるようになったのだ。はじめは気のせいだと思っていたのだが、毎朝あまりにもタイミングがいいし、微妙に意志も感じられる。風下の家からなので、おそらく、私のウンコが臭いので、意思表示しているのだろうと思い当たった。人糞は匂いが激しい。伊沢さんが推奨するように、一回ごとに埋めればいいのだが、ウンコが完全分解されるのは、早くても一カ月、できれば同じ穴を一年は使わないほうがいいという。わが家の庭にそこまでのスペースはない。

近年、人間は生態系から遠ざかり、一方的に消費するばかりの存在になった。だが、ウンコは菌類の食べ物である。ウンコを世に還元するということは、人間が自然界に生産者として参加することだ。生態系に参加することで人間も生き物の一部という自覚が生まれ、トイレにウンコを流さなければ下水処理で使うエネルギーも必要ない。それが伊沢さんが言う「ウンコで世の中を良くする」という思想の柱だと理解した。キャンプで子どもに野糞を体験させると顔つきが大人びるので、野糞には何らかの力があると私も思う。

ただ私は野糞原理主義者ではなく、ウンコをトイレに流すことにほのかな抵抗を感じて、なんとなく土の上にしているだけである。「ウンコは食べ物だ」と連呼する伊沢さんに押されて、野糞推進派になんとなく加わったが、みんなが野糞をする先にほんとうに素晴らしい世の中があるのか、確信をもてないでいる。

最近は犬の散歩がてら、裏の山でウンコをしている。直接肥料にできないのが不満なうえに、埋めないで放っておいたら、犬が私のウンコを自分の体になすり付けるという事件まで起きた。野糞道は険しい。

中部山岳国立公園と上高地　保全と活用を考える

夏の上高地でゴミ拾いのアルバイトをしていたことがある。大学の一年、二年生のときだ（一九八九と九〇年）。

雇い主は旧環境庁の外郭団体である自然公園美化管理財団（現自然公園財団）だった。昭和五四年に財団になる前は、旧環境庁の管轄だったようで、慶應義塾大学の応援歌「若き血」の歌詞を替えた環境庁中傷歌「バカき血」が歌い継がれ、早稲田大学から参加しているメンバーが酔っぱらうとよく歌っていた。

♪バカき血♬
バカき血に燃ゆる者
狂気みてる我等
アルカンの女官に
うつつを抜かし
肩を組みて歩く姿
見るも浅まし

見よ低能の集うところ
淫乱の意気　高らかに
さえぎる膜なきを
カンキョ庁　環境庁
陸の色魔カンキョチョー

日給は六八〇〇円、その中から八〇〇円が食費として引かれた。歌にあるアルカンとはアルプス観光の略である。現在、小梨平食堂と名前を換えたアルプス観光が運営する食堂の一角に、バイトで集まった若者たちが食事をする専門のテーブルがあった。おかわりが制限なしだったので、みんな、ご飯を競い合うようにかき込んだ。当時はまだ大食らいはそのままタフの証明だったのである。

社会からやや隔たった上高地という空間に一〇名ほどの山好きの大学生が集い、タコ部屋で寝起きをともにして、ゴミを拾った。誰かがバイト期間を終えて抜けるときには、飲み会が催され、会が乱れると、ひとりが全裸になって屋外に飛び出し、四つん這いになってまず「カモシカ」と叫び、小梨平の木に登って「オコジョ」と叫んだ。

令和の今からは理解できないと思うので、あえて説明しておくと、芸をしている者と芸の対象になっている野生動物との共通点が、衣服を身に着けていないことだけ、ということを承知のうえで、カモシカの真似をしている、オコジョの真似をしていると言い張るところがキモである（たぶん）。ふたつの動物が天然記念物であり、もし見ることができたら幸運で、仲間内で自慢できる存在であることも、笑いを誘う要素になっている。

バイトの主な仕事は上高地でのゴミ拾いで、大正池方面、田代橋方面、明神方面、横尾方面、岳沢《だけさわ》湿原方面とエリアを分けて、順繰りにゴミを拾った。三〇年前の夏に上高地を訪れたことがあれば、ゴミ入れのカゴを背負い、右手にゴミばさみ、左手にゴミ袋を持った汚い若者集団を見たことがあるかもしれない。他に、小梨平のトイレの掃除（この当番は最悪とされた）、美化財団の団員がおこなうゴミ集めの補助（当時五千尺ホテルの売店の前やバスターミナルには大きなゴミ箱があった）、焼却場でのゴミの整理（タクシー事務所の横にかつてあった）、ビジターセンターの管理など。

砕いたビンのかけらを袋詰めした「河童の涙」はビジターセンターの名物だった。美化協力費を払った人に渡すお土産のようなものである。梓川に投げ捨てられたビンを砕いたものというふれこみだったが、企画当初はともかく、私がバイトしていたときは、ゴミの中から色のキレイなビンを選んで砕いて作っていた。環境美化の意識を高め、ゴミの持ち帰りにささやかながら協力してもらい、協力費も得られ、お土産にもなるという一挙四得の企画で、人気もあった。梓川にポイ捨てされたビンから作ったという説明でも違和感がなかったことが、当時の上高地の美化状況を表している。

お盆を過ぎて上高地に観光客がすくなくなってきたら、ゴミカゴを背負って、常念山脈からグルリと穂高岳までゴミを拾いながら歩く清掃山行に出た。これがこのバイトの目玉であり、私が参加していた目的でもあった。私が槍穂高、大天井《おてんしょう》、蝶常念にはじめて登ったのはゴミ拾いで、である。

ちょうど日本の登山者や観光客の自然環境への意識が、急激に変わりつつある時期だった。私が参加した二年間でも、ポイ捨てされるゴミはあきらかに減っていった。当時は私の背負うカゴに弁当箱や空き缶を投げ入れる人がいた。いまでは上高地にゴミ箱がないことに不満を漏らす人すらいない。

その後、日本の登山界は百名山ブームとなり、山のオーバーユースやトイレが社会問題として取りざたされ、自然保護運動も多くの人が意識する社会運動として注目されるようになった。白神山地のような事実上立ち入り禁止のおかしなエリアもできてしまったが、おおむね国立公園は、保全と活用の微妙なバランスをうまく舵取りしながら管理運営されてきたように見える。

私が上高地でアルバイトをしていた平成元年、二年は、現在のビジターセンターが建っているところに、チロリン村というバイトの宿泊施設（タコ部屋）があり、道を挟んだ向かい側（現在の電話交換所）に小さなビジターセンターが建っていた。そのビジターセンターに隣接するガレージがわれわれの作業場兼倉庫。宿舎のすぐ隣を流れる清水川の川岸には、バイトが洗面をするための小さな桟橋があり、われわれは歯ブラシとコップを持ってタコ部屋を出て、清水川の水を飲み、口をゆすいだ。

今日から、そのころの上高地を振り返り、個人的な懐古趣味を差し引けば、国立公園としての上高地の状況は、この三〇年でおおむね良い方向に進んできたように見える。「良し悪し」の立脚点をどこに置くかは難しい問題だが、上高地だけを見るかぎり、環境保全、西洋的なセンスの良さ、常識的な好感という面ではるかに洗練されたと言っていいだろう（人間味は薄まった）。

だが、実際に歩いていて、はてな？　と思うこともある。

たとえば積雪期に、静寂の上高地を期待して入山すると、意に反して県道上高地公園線（釜トンネル）には工事車両がぶんぶん走っている。宿泊施設の改装、治山工事、大正池の浚渫《しゅんせつ》作業など、観光シーズンにはやりにくい工事が上高地には山ほどあり、冬期に集中的におこなわれるためだ。この状況にいまのところ終わりはない。

そもそも車道とそこを走る車が景観を壊していると私は思う。山岳鉄道のほうが印象が良い。私はヨーロッパ的感覚にかぶれているのだろうか。沢渡《さわんど》と平湯《ひらゆ》でマイカーを停め、低公害バスで上高地へアクセスするスタイルは、新施設を見るかぎり、大きく変わることはなさそうだ。

上高地全体が特別天然記念物のため利用者は小石ひとつ動かせないことになっているが、梓川右岸の道路を関係車両が砂埃をまき散らして走っている。

その右岸林道を自転車に開放したら、自転車好きは喜ぶだろう。横尾から大正池までラフトボートやカヤックで川下りができたら楽しそうだ。これはアクティビティの充実というやつだが、実現することはなさそうである。

国立公園の利用者からお金（協力金）を徴収して、管理や保全をおこなう利用者負担という仕組みは実際に検討段階にある。富士山、屋久島、妙高などで試験的に実施され、利用者はおおむね快く協力金を払っているようだ。入山口が釜トンネルに集中する上高地なら協力金の徴収は難しくない。

週末の登山なら私も入山料には賛成する。ただ、人生の挑戦のような登山のとき、なぜか入山料は私の中で腑に落ちない。経済を含めた人間社会のシステムの外に位置する野生環境で自分に何ができるのかを知りたくて山に入っているからだ。都市文明人であることを山に入るときくらいきっぱりとやめ、ホモ・サピエンスに戻りたい。人間社会のシステムに絡めとられたようなニセモノの自然には興味がないし、万が一の遭難時の救助も期待しない。

個人的な夢は、国立公園のすべての道を放棄、宿泊施設は撤去、国立公園内にエンジンの乗り入れ、持ち込みは陸海空全面で禁止する、である。人は歩くか馬に乗るかカヤックでしか公園に入る術はない。一〇〇年時間を遡れば、すべての国立公園が私が夢見る状態だった。一〇〇年なんて、私の人生の二倍でしかない。逆に言えばそれほど急激にわれわれは自然をいじくってきたということだ。それが良かったのか悪かったのか、ここでもやはり、判断する立脚点を私はもたない。まあ、しかたなかったのだろう。

夜空の人工衛星に感傷的になる薄っぺらさに気づいた日

初めてのインドは、大学の卒業旅行だった。友人と二人、デリーで中国製の自転車（新聞配達自転車、三〇ドル）を買い、コモリン岬をめざした。

デリーを出発して一週間が経とうとしていた。街道をはずれたわれわれは、インドの田舎を走っていた。その日たどり着いた村には宿泊施設がなく、われわれは村長の計らいで、ある民家に泊まることになった。そこには便所というものが存在しなかった。村には便所がひとつもなく、村人は村の横を流れる川の河原で、用を足していた。

インドの田舎の小さな村である。時は一九九四年。村の子どもたちにとっては「外国人というものがいるとは聞いていたが、これがその外国人なのか」といった感じだったのではないかと思う。われわれのすることなすことが注目を浴び、至る所で素朴な瞳がわれわれを捕らえていた。小便をするだけで、子どもたちは大騒ぎ。私は自分が子どものころ、アングロサクソンが歩いているのを見かけると、「アメリカじーん」と叫んで逃げたことを思い出した。

この状況では明るいうちに大便をすることなどとても考えられなかった。なんで大便の心配をするのかというと、インドでは小麦の精製が雑なため、ナンは麦わら混じりの全粒粉、米も玄米に近く、われわれの便はつねに軟らかくて、回数も量も多かったからだ。

日中は、常になんとなく排便をせがんでいるような肛門の要望に、その日は気づかないフリをして過ごし、翌朝まだ暗いうちに、やれやれこれで一安心と、アルミのケツ洗いツボを持って河原に出た。手頃なところにしゃがみ込んでヘッドランプを消すと、空は星でぐちゃぐちゃだった。その夜空の真ん中を、小さいながらくっきりとした光点がゆっくりと移動していくのが見えた。

便所すらないインドの大地。そこにしゃがんで尻を出し、日常の象徴ともいえる排便行為にいそしむ私。その上空を飛んで行く技術の粋を極めた人工衛星。世の中をもし「インド側」と「人工衛星側」に分けるなら、私が所属しているのは残念ながら人工衛星側だった。だが人工衛星側の私はまぎれもなくインドの大地にしゃがんで、はるか上空を周回する人工衛星を見ていた。文明的な隔たりと物理的な隔たりが奇妙に倒錯する感覚が、私の感傷を助長した。二四歳の私は、自意識過剰であることを意識せずに、「おれはここにいるぞ」と人工衛星に向かってつぶやき、排便中であるにもかかわらず、そんな自分に酔うことができた。

その私を、唐突に現実の世界に引き戻したのは、大きな獣が近づいてくる気配だった。肛門は重要な仕事の真っ最中で、身動きはとれなかった。だが事態は、パンツだろうがズボンだろうが、多少汚れるなど些細に思われる危機かもしれなかった。出発前、本気で調べたベンガルトラの生息地図を私はもう一度思い出し、ヘッドランプを点けた。

ヘッドランプの輪の中に浮かび上がったのは、体つきとは対照的に弱々しい目つきで私を見つめる野ブタだった。野ブタの大きさは私と同じくらい。黒い毛に覆われ、鼻の先だけピンク色で、そこから鼻水かよだれかわからない液体をたらしていた。

私は野ブタと見つめ合ったまま、なるべく静かに最後のウンコをひねり出し、野ブタを刺激しないようなゆっくりした動作でケツを洗った。野ブタの目的は不明だったが、私を見つめているのだから、私に何らかの興味があることは間違いない。襲ってきたとき武器になりそうなものは、手元にあるケツ洗いツボだけだ。

私は身構えながらゆっくりと立ち上がった。それを見た野ブタは一瞬おびえるように半歩下がった。私は野ブタを照らし、睨み続けながら、パンツとズボンを上げた。

身支度を整えた私が少し下がると、野ブタが少し前進した。さらに下がると、野ブタも一定の距離を保ったまま前進してきた。緊張の一瞬だった。しかし、私と野ブタの間にはウンコがあった。そこそこ大きなウンコだった。張りつめるはずの空気には、黄土色の湯気がまじり、緩みまくっていた。なおも後退を続けると、ウンコの向こう側で野ブタもさらに前進した。ようやく私は野ブタの目的を悟った。そして自分のおぞましい想像に、一瞬ひるんだ。

そのスキを見逃さず、野ブタは一気に間合いを詰めてきた。驚いた私のヘッドランプがビクッと揺れ、ふたたび照らし出されたブタは、小さな目で私のほうを窺いながら、まだ湯気を出しているウンコに鼻を埋め、すするように食べはじめていた。

野ブタが人糞を食べることは知っていた。大型獣の糞尿を餌にする生物はすくなくない。それでも、自分が出したばかりの排泄物を大きな哺乳類に目の前で食べられるのは、特別な体験だった。

あれよあれよという間に、野ブタはきれいに私のウンコを食べつくし、ウンコが乗っていた岩盤を軽くなめてから、申し訳なさそうな顔のまま去って行った。

私は軽いめまいを感じながら、よろよろと宿として提供されていた民家の一室に帰った。部屋に入ると相棒は木材と麻縄で作られたベッドに腰掛けて、タバコを吹かしていた。

「おい」と私は相棒の注意を引き、「ウンコ食べられたことあるか」と聞いた。

「いや、ない」

「結構考えさせられるものだよ」

今でも私のなかでは誇らしい思い出である。

インドの大地は日本の若者を救済する

相棒の富澤がうしろで私を呼んでいる。なにか問題が起こったようだ。

われわれは大学の卒業旅行と称してインドへ渡り、デリーからデカン高原の真ん中を、自転車で突っ切って、亜大陸最南端のコモリン岬に向かっていた。

ブレーキをかけてうしろを見ると、ひとりのインド人が通せんぼするように富澤の自転車の前に立ちふさがり、必死に何か訴えていた。戻って事情を聞くと富澤は、目の前のインド人が「シンエモーン、シンエモーン」と叫びながら走ってきたという。

「俺は新右エ門じゃないよって、さっきから言ってるんだけど」と富澤は困っていた。

おじさんというには若い、色が黒くて痩せている典型的なインド人だった。今度は私のほうを見て「シンエモン、シンエモン」と訴えた。こんな重要なことがなんでわからないのだ？　という形相だ。

「アイム、ノット、シンエモン」と私も言った。

だが、そのインド人は口を尖らせて必死で続けた。「サヨ、サヨ、シュウネン、シュウネン」

必死でわれわれに何かを伝えようとしている。そして「イッキュウ、イッキュウ」とばたばた足を鳴らしながら叫んだ。

「ん？　一休さん？」

新右エ門、さよ、秀念、一休。解答に行き着いてみれば、じつにダイレクトな連想ゲームだった。アニメの『一休さん』がインドで放映され、人気を博していることは聞いていた。

「一休さんか?」と富澤は聞き、うれしそうにうなずくインド人のお兄さんといっしょに、「イッキュウ、イッキュウ」と言い合った。

共通認識を得たことを確認したインド人のお兄さんが突然黙り込み、真剣な顔をした。本題はここからで、なにか重要な報告があるらしい。表情に緊張があらわれている。富澤と顔を見合わせ、息を飲んで、お兄さんの言葉を待った。われわれに心の準備ができたことを確認したお兄さんは力強く言い放った。

「ヤヨイ※、ノーグッド」

「え?」

「ヤヨイ、ノーグッド」お兄さんはくり返した。

「弥生さん?　桔梗屋の娘の?」

必死に訴えていたお兄さんは、自分が言いたかったことが通じた満足に、何度も頷いてからもう一度「ヤヨイ、ノーグッド」と言った。

大学で山登りを始め、その世界に魅せられて、とにかくいっぱしの登山者になりたいと思っていた。だが、自分が理想に近づいて行くより早く、人生の時間は流れた。大学卒業と同時に就職して「まともな社会人になる」というのは、日本の教育が長年かけて強固にすり込む世界観のひとつである。学歴社会全盛期の受験戦争をかろうじて生き残ってきた私は、その世界観を否定することができなかった。そして、卒業の見込みが立った年に就職活動を開始した。

「質問はありますか?」という会社説明会の最後の言葉に、バッとまっすぐ手を挙げ「○●大学経済学部の□■です。御社の……」とやるヤツを見て、言葉を失った。こいつとはいっしょに働けない。

就職活動で出会う企業の人事部は、山登りに未練と野望を持っている私の内心を見透かしていた。秋になり、年末になっても私の就職先は決まらなかった。

社会人として企業で働くことに魅力を感じていなかったが、内定がひとつももらえないのは、それとは別の話だった。自分という人間が、日本の社会から求められていない価値のない人間だと評価された気がして、私は落ち込んだ。

そんな私を窮地から救ってくれたのは白山書房という山登りの書籍を専門に出している出版社の社長だった。就職先が見つからない私に「それならしばらくウチで働くか?」と声をかけてくれたのである。

そして、卒業後の進路がいちおう決まった私を、富澤がインド自転車旅行に誘ってくれたのだった。やる気がないのかと思ったら、急にエネルギッシュになったり、悟りを開いているようでありながら、些細な欲望に固執するインドの人々。面倒くさいことはごまかして先送り、ごく近い将来のことしか問題にしない。そんなメチャクチャな人生観でインドの底辺の人々は楽しそうに生き生きと暮らしていた。私はその生命力に圧倒されっぱなしだった。

私が小学校のときから良いこととして教え込まれ信じてきた「目標を持って生きよう」とか「努力を重ねてより良くしよう」という人生の計画化と、それとは矛盾するのに強要される「みんないっしょ」というかぎりない均質化、その二つはすくなくとも私の目に映るインドには存在しなかった。

サラリーマンになることが真っ当だと信じこまされていた私の魂は、インドで救済された。単に日本的人生観を世界の平均的なレベルに修正されただけなのかもしれない。ともかく私はインドの大地で生きる人々のように生きたいと思った。毎朝、野ブタにウンコを食べられる人生に憧れた。

だが、インド人になることはできない。どうすればいいのか考え、私もできるだけ大地に接して生活しようと思い立ち、今に至っている。インドで暮らす人々に、親しみを込めて「シンエモン」と呼びかけ続けてもらえる人間になりたいと思っている。

※ヤヨイ（桔梗屋弥生）……アニメ『一休さん』に出てくる米問屋「桔梗屋」のひとり娘。金と美貌をもつプライドの高い性悪美人という役回りだったが、ときどき心根の優しいところも見せ、作品中、最も複雑なキャラクターだった。

インドの山奥で考える幸福の相対性

とある保険会社のウェブマガジンからインタビューの依頼が来た。幸福とはなにかをアランの『幸福論』の一節を取り上げて語って欲しいというものだった。私自身いちおうフランス文学科出身なので、アランくらいは知っている。

一九二八年に出版されたこの本に「ディオゲネス」という項目がある。たとえ話のなかに登山者が登場するので、長くなるが引用しよう。

〈登山家は自分自身の力を発揮し、その力を自分自身にあかしし《ママ》ている。自分の力を感じると同時に、それを考えている。このような最高のよろこびがあるため、雪景色が輝いて見える。しかし、有名な山の頂上まで電車で行った人は、登山家と同じ太陽をおがむことはできない。〉神谷幹夫訳（岩波文庫）

ズルして手にする結果ではなく、自力で行動することそのものを求めよ。行動に意味を与えるために山頂がある。そんな道理を説く人が九〇年前から存在したようだ。このあたりを軸にしたら、依頼されたインタビューに答えられそうな予感があった。

幸福とは何かを頭の片隅に引っ掛けたまま、ゴールデンウィークはインドへ鱒《マス》釣りに行ってきた。イギリス統治時代に放流されたニジマスとブラウントラウトの末裔を釣ろうという山旅である。

出発前に「インド、トラウト」などをキーワードにグーグルで検索し、関連ページをつぎからつぎへと翻訳ソフトにかけてみた。そこで出てきたのは、多少語順が違う程度のほとんど同じ日本語だった。どうやらインドのトラウト関連ページは、ひとつの古い情報を元にできあがっているらしい。

現地に行ってみるしかない。まず、かつて養魚場があったというヒマラヤ前衛の町をめざした。そもそもこのネット情報がまったく当てにならなかった。養魚場は健在だったが、あったのは事前情報で得ていた街の三〇キロ上流の別の小さな町だった。そしてトラウトがいるはずの渓に魚は見えない。現地の人は、目の前を流れる渓にトラウトはすくなく、山を越えた渓にはたくさんいると言った。最初はインド特有のたらい回しかと思ったが、別々の場所で三人のインド人から同じことを聞いた。三人の意見が揃ったらそれは真実というのが、二〇年前にインド自転車旅行で得た教訓だ。われわれが持つ地図には道路は描かれていないが、山を越えるバスがあるという。

ここで待てと言われた辻で、周辺のインド人全員にバスに乗るために待っていることを身振り手振りで説明した。こうしておかないとインドでは一日一本のバスを乗り逃す。

山奥へ向かうバスは、外国人が利用するのがおそらくはじめてのローカル路線にもかかわらず超満員だった。われわれは中に入るのをあきらめて屋根に上がった。

日本の安全基準をはるかに逸脱した林道をバスはガタゴトと登っていった。激しく揺れるバスから振り落とされないように必死でつかまっていると、揺れるバスの側面を若者が器用に攀じ登ってきて、激しく揺れる屋根の上を飛び歩き、われわれからバス代を徴収して、また揺れるバスの表面を器用に移動して戻っていった。

渓の対岸はヒマラヤの山並みだが、はるかかなたまで開墾され、段々畑になっている。そこにぽつぽつと人家が見える。それぞれの家に暮らす人はいったいどんな世界観をもっているのだろうか。確かめたわけではないがおそらく、変化のない毎日を過ごしているのではないだろうか。すくなくとも鱒を釣るために飛行機に乗って外国に行くことはないと思う。この路線バスのリスクは、私の見積りでは、一般的な登山のリスクの数十倍はある。すくなくとも私には命懸けの大冒険に感じられる。だが同じバスに乗る地元の人たちにとってはあたりまえの日常だ。

幸せとはなにか。そんなことを考えなくてはならない時点で、私はもはや幸せではないのかもしれない。いや逆に、そんなことを考える余裕がある時点で、充分幸せなのだろうか。

屋根の隣に座っていたインド人がレイズのサワークリーム&オニオン（ポテトチップス）を差し出してきた。インドの山奥では高価なお菓子だと思うのだが、インドの人々は総じてこの手の出費をケチらない。人生の楽しみ方を知っている。一枚だけつまんで口に入れた。レイズのサワークリーム&オニオンが世界的に評価の高いポテチであることは知っていたが、その私の知識をはるかに超える旨味が口の中に広がった。というより目で見ているヒマラヤの風景と、身体に感じている危険なバスの揺れと、口に広がったレイズの人工旨味成分の微妙なバランスに、心が混乱しながらも、人生の秘密に向かって強くうねっていく感じがした。いったい幸せとはなんだろう？

帰国後すぐに、幸福に関するインタビューを受けた。

「快楽と幸福はイコールではない」と私は言った。

「ならば苦しくて幸せというのはどんなときなのか?」と質問が返ってきた。

「たとえば自分の積み上げてきたものを発揮して、自分が自分のイメージする存在に近づいているときや、自分の限界を超えようとしているとき、そんなときはたとえ苦しくても、幸せなのではないか」と私は答えた。言いよどむこともなく淡々と話したので、それなりに説得力があったかもしれない。

今日も、今このときも、インドのローカルバスは山道を走り、車掌の青年は危険な屋根を飛び歩き、そのバスの傍らでヤギ飼いのおじいさんはゆっくりとヤギの群れを追っている。

幸せに関して私はまだ混乱の中にいる。

ちょっと長いおわりに。もしくは大いなるマンネリの言い訳。

本書は『岳人《がくじん》』に連載していたエッセイ「今夜も焚火をみつめながら」をまとめたものである。連載中は「焚き火」もしくは「焚き火連載」と呼んでいたので、その名で話を進めたい。「焚き火」以外に『岳人』の特集に書いた考察や手ほどきから、読み物の要素が強い作品をいくつか加えた。

『岳人』が東京新聞からモンベルに移ったのは二〇一四年七月である（二〇一四年九月号から）。前年の二〇一三年秋、ロシア極東のツンドラ徒歩旅行から戻り、成田空港から会社に帰国の報告を入れたら、「そのまま出社してください。詳しい話はそのとき」と上司が言った。まぎれもなく異常事態であり、何が起こっているのかをいろいろ想像して私は、「クビ（遊びすぎ）」と言われることを覚悟した。

大きなザックを背負ったまま内幸町の東京新聞ビルに入り、オフィスに上がった。だがフロアはがらんとして、アルバイト君しかいなかった。そのバイト君が「皆さん、上の会議室です」とかなり深刻な顔で私に告げた。どうやら事業局出版部をあげて、私に最後の吊し上げを食らわすべく、待ち構えているようである。

まいったなあという思いに、少しワクワクするような気持ちが混じったまま、階段を駆け上がり、大会議室のドアを開けると、出版部のほぼ全員が凶悪事件の裁判のように黙り込んでいた。裁判官席に座っていた三人の重役の中から次局長が立ち上がって「服部君ちょっと」と大会議室を出て、「まあまあ座って」と廊下にある椅子に腰をおろした。

「お疲れさん。帰国していきなりで悪いね」と次局長は前置きをしてから「あのね、突然だけど『岳人』が休刊することになったんだよ」と言った。

自分がクビなのだろうと思っていたことに加え、頭がまだ「ロシア極東のトナカイ遊牧民酔い」から醒めていなかった私は、「ああ、そうですか」とちょっと間の抜けた受け答えしか返せなかった。

「ぜんぜん驚いていないね」と次局長。

このあたりのことは『サバイバル登山家』四部作の三部『ツンドラ・サバイバル』の「すこし長いあとがき」に書いた。この後『岳人』休刊のニュースがひょんなことからモンベル辰野勇会長の耳に入り、モンベルが『岳人』を引き継ぐことになった。東京新聞が休刊を決定した直後に、登山業界の大きな会合があり、そこで東京新聞事業局長とモンベル辰野会長がたまたま隣り合わせたという偶然だった(らしい)。

それから引き継ぎまでの九カ月は、てんやわんやでおもしろかった。それまで東京新聞の『岳人』編集部はいつ終わるともしれないマラソンを走り続けている状態だった(業務の内容が特殊なため、新聞事業と人員の入れ替えができず、マンネリ化は否めなかった)。そこに突然ゴールが設定され、ラストスパートが可能になったのである。編集部員五人のうち四人がアラ六〇、残りが最年少の私(四四歳)と、多くが一般企業なら定年に近い年齢であったのも『岳人』の移転をスムーズにした要素だった。東京新聞もモンベルも、道義的?な責任として、私の雇用だけを考えればよかったからだ。

モンベル『岳人』の編集をになうモンベルの社員が研修にやってきた。私はそれまで若い人に雑誌編集を教えたことがなかったので、それは新鮮な体験だった。おもえば白山書房でも、東京新聞の『岳人』編集部でも、正式に編集の仕事というものを習ったことがなかった。雑誌編集は一つ一つのタスクを取り出すとそれほど難しくはないのだが、完成したページをイメージし、そこに向かって段取りをすべて整えて、調整しながら素材を揃えて、発注して組み立てるのは、複雑で頭が疲れる作業なのだということを、人に説明してはじめて認識した。

ラストスパートと同時に私は、『岳人』誌上でロシア極東のツンドラ報告の連載を開始していた。この連載はそのままモンベル『岳人』へと引き継がれた。そのツンドラ連載が終わって、一息ついてから始めたのが本書にまとめた「焚き火連載」である（これを言いたいがための説明が長くなってしまいました）。

移籍当初、モンベル『岳人』を手伝うのは、とりあえず軌道に乗るまでの一年間のつもりだった。だが結局、ずるずると居座り、その間は、『岳人』の取材と編集と執筆と、自分の登山と生活と執筆という忙しい人生だった。「焚き火」の執筆は、『岳人』の校了作業のために編集部のある大阪に向かう新幹線の中でおこなうことが多かった。締め切りギリギリということである（『サバイバル登山家』メイキング話のときだけ、苦労することなく執筆できた）。

そんな「焚き火連載」も「もうそろそろええやろ」という辰野編集長のひと声で終了した（二〇一五年一月号から二〇一九年一一月号まで全五五回）。その後、一冊の本にまとめる話が進んでいたのだが、別の積み残しの作品たち（『サバイバル家族』『あなたは読んだものに他ならない』）の書籍化と、横入りしてきた作品たち（『お金に頼らず生きたい君へ』『北海道犬旅サバイバル』『山旅犬のナツ』）の書籍化と、私のモンベルに対する甘えもあって、「焚き火」書籍化はどんどん後回しになってしまった。しかもそれらの作品の多くに、話の展開上、どうしても「焚き火」で書いたネタを書き換えて転載しないと筋が通らないものもあった。たとえば家族の話は『サバイバル家族』、無銭旅行の発想は『北海道犬旅サバイバル』、ナツ（犬）との出会いは『山旅犬のナツ』という感じである。他の本で使ったエピソードはまるまる抜いて、本書には掲載していない。これは「焚き火」の書籍化が遅れたゆえのマイナス面である。

ネタの重複を避けたのだが、読み直してみるとどこかに書いたことをまた書いていることもあるし（たとえばこのあとがき）、同じことを言葉を換えて言いなおしていることもある。本多勝一や星野道夫も同じエピソードをくり返し使っていて、いち読者だったころは「ちょっと格好悪いな」と考えていたが、いざ自分の番になってみると、